MONSIEUR

LE PRÉFET.

Les anciens appelaient figures panthées
celles qui portaient des caractères at-
tribués à tous les dieux.

HUET.

TOME TROISIÈME.

Seconde Edition.

A PARIS,

CHEZ LADVOCAT, LIBRAIRE

DE S. A. R. MONSEIGNEUR LE DUC DE CHARTRES,

AU PALAIS-ROYAL.

M. DCCC. XXV.

PARIS. — IMPRIMERIE DE FAIN, RUE RACINE, N. 4, PLACE DE L'ODÉON.

MONSIEUR

LE PRÉFET.

TOME III.

PARIS. — IMPRIMERIE DE FAIN, RUE RACINE, N°. 4,
PLACE DE L'ODÉON.

MONSIEUR LE PRÉFET.

TOME TROISIÈME.

Seconde Édition.

A PARIS,

CHEZ LADVOCAT, LIBRAIRE

DE S. A. R. MONSEIGNEUR LE DUC DE CHARTRES.

AU PALAIS-ROYAL.

M. LCCC XXIV.

MONSIEUR LE PRÉFET.

CHAPITRE XXII.

MONSIEUR LE PRÉFET ET MONSIEUR LE BARON.

> Cet homme est vraiment enragé après
> moi, je ne fais pas une action qu'il
> ne la juge, je ne dis pas un mot qu'il
> n'en tire parti.
>
> MARIVAUX.

Nous avons fait pressentir dans un des précédens chapitres, que déjà depuis long-temps un sentiment de haine d'une part, et de mépris peut-être de l'autre, éloignaient réciproquement monsieur de

Lanol et Monsieur le Préfet. Le premier était, il faut en convenir, un très-singulier personnage, et comme il est destiné à jouer un rôle assez important dans cette véridique histoire, nous allons nous arrêter un moment sur lui, afin de le mieux faire connaître au lecteur. Le baron de Lanol jouissait dans sa province d'une excellente réputation; elle était fondée sur des mœurs irréprochables, sur une conduite qui jamais ne s'était démentie; on le voyait toujours marcher dans le chemin de l'honneur, sans dévier jamais à droite ou à gauche, ainsi que malheureusement cela arrive quelquefois même à ceux qui voudraient faire le mieux. Il aimait à obliger non les Grands, ou ceux que la fortune recommande assez elle-même, mais les infortunés luttant sans trêve contre une défavorable destinée; on le voyait par suite plus souvent sous la cabane du pauvre que dans l'hôtel somptueux de son égal ; dans le premier lieu il se montrait humain, compatissant, empressé ; ses paroles étaient des consolations ou des encouragemens, ses actions n'avaient pour but que de venir au secours de ceux dont la misère n'avait rien à attendre de la plupart des hommes. Dans les salons dorés, le baron de Lanol prenait une autre contenance : malin au dernier point, persifleur opiniâtre, il poursuivait le vice ou le ridicule, partout où il le trouvait, avec un acharnement sans exemple; rien ne pouvait lui en imposer, ni la richesse, ni le rang, ni la position. Dans le monde, sa haute naissance lui donnait le droit de marcher de pair avec le plus orgueilleux ; il avait assez de biens pour être placé parmi les heureux du siècle, et comme son ambition personnelle était nulle, il ne lui était pas nécessaire de cajoler ceux qui eussent pu le pousser. Royaliste dans l'âme, il s'était montré à Paris en 1790, lorsqu'en général la noblesse abandonnait le monarque. Il était aux pieds de Louis XVI au retour de Varennes, et au 20 juin 1792; il ne le quitta pas le 10 août suivant, qu'après l'avoir escorté jusques au sein de la Convention nationale, il se retira seulement alors. Chargé à cette époque d'une mission pour le comte d'A....., il se rendit vers ce prince, et lui répéta les dernières paroles de l'auguste et malheureux monarque. Le comte d'A....., apprécia le mérite du baron; il lui accorda, dit-on, une partie de sa confiance, et, après avoir utilisé ses talens dans l'étranger, il lui ordonna de rentrer en France en 1802.

Depuis lors, le baron, sans jamais commettre aucune imprudence, avait trouvé le moyen de faire connaître à celui qu'il chérissait à juste titre le véritable état de la France; il ne lui donnait point de trompeuses espérances, il lui tenait le langage de la vérité. Ce n'était pas sans doute le plus agréable, mais du moins celui-là ne pouvait entraîner en de fausses démarches. A l'heure de la rentrée du roi en 1814, le baron de Lanol attendit pour se rendre à Paris que les plus affamés l'eussent devancé; il riait de pitié à la vue de cette foule de solliciteurs, qui tous, à les entendre, avaient été les dernières colonnes de la monarchie expirante, tandis que, dans la réalité, tous s'étaient à peu près vendus aux gouvernemens divers qui s'étaient succédés; ou avaient séché de dépit, parce que le Directoire ou l'empereur n'avaient pas jugé à propos de les acquérir aux prix qu'ils mettaient à leur conscience.

Le baron ne demanda rien, aussi rien ne lui fut donné; mais le prince, qui le connaissait à fond, plaça son nom dans sa mémoire, et se promit, plus tard, de lui prouver sa reconnaissance. Lanol, satisfait de l'aimable accueil qui lui fut fait, revint dans sa province, avec la mission secrète de signaler ceux qu'on pouvait employer sans crainte et ceux qui étaient à redouter. Nous ne nous étendrons pas davantage sur ce dernier article, il nous suffit de montrer que le baron n'était pas sans crédit, et qu'il pouvait obliger lorsqu'il jugeait convenable de le faire. Venons maintenant à raconter les motifs de ses anciennes querelles avec Monsieur le Préfet : c'est là principalement ce que nous voulons faire connaître.

On doit se rappeler le temps où une conscription impitoyable, pesant sur toutes les classes de la société, moissonnait régulièrement chaque année, en *coupes réglées*, selon l'expression d'un illustre écrivain, les jeunes générations de la France. Un besoin insatiable de compléter d'immenses armées rendait le gouvernement d'alors tyrannique en cette partie de son administration; il lui fallait

des hommes ; il en demandait à tout prix,
et n'examinait ni la position, ni la faiblesse de l'âge, et n'écoutait pas surtout
les plaintes des familles désolées. Un contingent arrêté devait être fourni par
chaque département ; l'outrepasser n'a-
vait rien de coupable, ne pas le compléter devenait positivement un crime. Messieurs les préfets, tous gens très-indé-
pendans à cette époque, comme chacun
sait, n'avaient garde de tomber dans cette
dernière faute ; ils pressuraient la population, et tout marchait parce qu'il fallait
que le magistrat conservât sa place : cela
passait avant toute autre considération.

Mais plusieurs d'entre ces fonctionnaires, se tenant à l'esprit de la lettre,
croyaient avoir rempli tous leurs devoirs
lorsqu'ils avaient envoyé le nombre de
soldats qui leur étaient demandés ; d'autres, dépassant leurs instructions, augmen-
taient le contingent fixé, et prenaient les

conscrits, non point au hasard, cela eût été trop juste; on choisissait de préférence les enfans de pauvres familles, ceux dont le concours était nécessaire au bien-être de leurs proches, et l'on réformait, pour les motifs les plus légers, de beaux garçons très en état de supporter les fatigues de la guerre, mais dont les parens étaient riches ou puissans. Comment cette injustice était-elle commise? quel motif de poids faisait pencher la balance de la justice? c'était..... c'était...... Ah! que la conscription fut une belle chose! Comme avec elle certains préfets parvenaient à faire une énorme fortune, et *messieurs* les généraux, *messieurs* les majors, *messieurs* les capitaines de recrutement! il n'y avait pas jusqu'à *messieurs* les chirurgiens qui ne fissent aussi leurs orges, sans oublier quelques-uns de *messieurs* les secrétaires généraux et des chefs de bureaux, gens insatiables, adroits à sa-

voir prendre une bonne part du butin.
L'approche d'un conseil de recrutement
devenait le signal d'un scandaleux pillage; tout aussitôt on voyait s'élancer
âpres à la curée une foule de femmes per-
dues, d'hommes déhontés, de militaires
sans honneur, qui, se jetant au milieu
des familles, leurs apportaient des consolations au prix de l'or. Il fallait tant
pour l'entremetteur, tant pour la maîtresse du fonctionnaire, tant pour son
secrétaire intime, tant pour son valet,
tout avait un tarif; on payait moins pour
une décision suspendue, et plus pour une
réforme entière. Souvent tous les membres du conseil, leurs entours, leurs commis, leurs aides de camp participaient à
la volerie; et tandis que des misérables,
arrachés violemment des bras de leurs
pères infirmes, de leurs mères désolées,
allaient trouver la mort à six cents lieues
de leur berceau, de coupables agens s'en-

graissaient des malheurs publics, et affi-
chaient une indigne sévérité. Que de faits
de ce genre pourrions-nous dévoiler ! Parlerons-nous d'un général qui écrivait dans
le fond de son chapeau les noms de
ceux auxquels il devait trouver des infirmités, d'un préfet qui faisait tenir, par
son secrétaire général, un bureau ouvert
de réforme, où les protégés de l'évêque
du lieu étaient favorisés, et payaient moitié moins que les autres ! Signalerons-
nous des chefs de bureaux militaires qui,
pauvres quand ils avaient paru pour la
première fois dans la préfecture, en sont
naguère sortis puissamment riches, et avec
une attestation de royalisme ! Arrêtons-
nous, ce serait aller trop loin ; terminons
une digression arrachée à notre plume
par notre haine pour les fripons, et par
les nombreux souvenirs qui nous restent
de leurs méfaits.

Dans une des terres du baron de La-

nol, il existait une famille honnête, en-
tièrement dépouillée par les suites de la
révolution; à peine si elle conservait encore quelques champs dont la culture
fournissait aux premiers besoins de la vie
d'un père paralytique, d'une mère déjà
avancée en âge, de trois filles qui n'é-
taient pas jolies, et d'un fils, jeune homme de dix-neuf ans. Celui-ci, par son activité, était le soutien de ses proches ; il
veillait aux travaux de l'agriculture, il ne
dédaignait pas de mettre la main à la
charrue, se consolant de sa misère en songeant à la vertu et au besoin que tous
les siens avaient de lui. Des occupations
multipliées accablaient sa santé, il était
pâle, faible, et de plus avait dans les
doigts de son pied gauche une difformité
qui devait le mettre à l'abri des lois conscriptionnelles : il se trouvait dans le cas
des infirmités qu'elles avaient prévues. Le
bon droit de ce jeune homme était évi-

dent, néanmoins le baron de Lanol, qui lui portait un vif intérêt, décida qu'il devait être présenté au Préfet à l'avance, afin que le magistrat connût parfaitement sa situation. Il l'amena un jour avec lui à l'hôtel de la préfecture, et ayant décliné son nom, il fut introduit avec son protégé dans le cabinet de Monsieur le Préfet.

Au premier mot prononcé par le baron, à la vue surtout de la mise simple et commune du jeune homme, le haut fonctionnaire reculant de deux pas, prenant en même temps un air grave qu'il croyait adapté à la circonstance, se plaignit qu'on cherchât à influencer sa justice, et à vouloir obtenir de lui des passe-droits qui n'étaient ni dans ses opinions ni dans ses principes. Monsieur de Lanol, très-surpris d'un début pareil, jugeant d'ailleurs qu'il était convenable de ne pas indisposer davantage Monsieur le Préfet, lui observa qu'il avait mal été compris sans doute. « Je ne viens pas, dit-il, pour vous demander rien qui répugne à votre probité, mais ce jeune homme est dans le cas d'être exempté du service, et il me semble que vous le faire connaître n'est point vous offenser. »

— « Mon Dieu, monsieur Lanol, vous l'entendrez comme vous voudrez, mais je me suis fait une règle dont je ne me départirai pas. Je ne veux voir les conscrits qu'en présence du conseil de recrutement : c'est là seulement que mon impartialité les juge; elle dicte toujours ma décision. Je ne présume pas que vous ayez à me parler de quelque autre objet. »

Cette impertinente interrogation était un congé donné en bonne forme. Le baron ne s'y trompa point; il se retira furieux contre Girmel, et non rebuté de servir le jeune homme. Ils sortaient de l'audience à l'instant même où un riche banquier arrivait avec son fils, conscrit également comme le protégé de M. de Lanol, et devant passer au même conseil de recrutement. Le banquier, avant d'être introduit, s'approcha du baron, et déplora avec lui que les lois conscriptionnelles fussent si sévères.

« Je pourrais, dit-il, acheter un remplaçant pour mon fils, mais à quoi bon? arriverait une demande nouvelle de *chair à canon*, et voilà que, soit comme vélite, garde d'honneur, ou membre du premier ban de la garde nationale, ce garçon me serait raflé; je préfère plutôt obtenir sa réforme. »

— « Sa réforme! y pensez-vous? Un cavalier grand, bien fait, et d'une santé vigoureuse! à moins que des infirmités secrètes..... »

— « Lui! il est sain de la tête aux pieds. »

— « Alors, comment faire? » dit le

malin baron, qui savait bien pourquoi il feignait d'ignorer la chose dont il était instruit à merveille.

— « Parbleu ! mon cher monsieur, vous êtes en arrière d'un siècle.

» Il est avec le ciel des accommodemens. »

— « Tartuffe l'a dit de l'hypocrisie; mais, avec la probité de Monsieur le Préfet..... »

— « Je n'ai rien à démêler avec le personnage ; j'ai vu seulement son secrétaire général : tout est réglé entre nous. Aujourd'hui je vais présenter mon fils, afin que, le voyant de plus près, il puisse plus tard le mieux reconnaître. »

— « Ah ! c'est à merveille ! Je vous fais mon compliment. »

Le banquier fut alors appelé par le valet de chambre chargé d'annoncer. Il entra. Le baron de Lanol s'obstina à demeurer dans l'antichambre; il avait parfois la bonhomie de croire que la réception du nouveau Crésus serait semblable à la sienne ; mais le temps s'écoulait, le banquier ne sortait point du cabinet, et M. de Lanol se retira enfin, riant de sa propre folie.

Le jour du fameux conseil arriva. Une foule nombreuse encombrait la salle dans laquelle avait lieu la revue, peu de curieux la composaient ; elle n'était formée que de malheureuses mères, et de pères au désespoir. Chaque figure, avant le moment fatal, exprimait les angoisses de l'incertitude. On suivait de l'œil les mouvemens des personnages qui formaient le conseil ; on épiait leurs gestes, leurs regards, leurs sourires : car, la plupart du temps, ils souriaient, les misérables ! ils osaient même railler, persifler avec indécence les infortunés qui cherchaient à leur échapper. Un arrêt était prononcé : *Propre au service*, disait-on, et des cris de douleur partaient d'un coin de la salle; des gémissemens se faisaient entendre, et aussitôt des gendarmes chassaient dehors *les mauvaises citoyennes*, comme nous avons entendu un préfet nommer les mères accablées par la perte de leurs enfans. *Le conseil vous réforme*, et la joie remplissait le cœur de toute une famille, et son allégresse faisait un pénible contraste au milieu de la stupeur universelle. Que de fois nous sommes sortis de cet horrible lieu, où nous ne paraissions, osons-nous le dire sans crainte d'être démentis, que pour arracher le pauvre à l'injustice qu'on faisait peser sur lui, le cœur brisé et consumé par le feu d'une fièvre dévorante ! Ah ! puissent-elles jamais ne renaître les mesures désastreuses qui, pour l'intérêt d'un seul, frappaient à l'âme tout un peuple entier !

Le protégé du baron, toujours accompagné par lui, parut enfin devant ses juges : il était le dernier de tous les con-scrits. Le fils du banquier venait d'être réformé pour cause d'affection de poitrine. Il fallait pourtant compléter le nombre de soldats demandés. Un seul manquait, et un infortuné était en présence du sévère trio. A peine aussi écouta-t-on ses raisons. Vainement le baron insista pour qu'on prît la peine d'examiner avec attention les infirmités du jeune homme ; tout ce qu'il put dire sur ce point fut inutile : un dernier conscrit était indispensablement exigé. Le riche venait d'échapper, le pauvre devait marcher à sa place. Le baron prolongeait encore la discussion, lorsque le Préfet, d'une voix forte, prononça les terribles mots, *propre au service !*

« Non, cent fois non ! dit alors M. de Lanol, dont l'indignation était portée au plus haut point ; ce malheureux jeune homme ne partira pas! Je déclare, en présence de toute l'assemblée, que je me porte comme dénonciateur auprès du gouvernement de tous les membres du conseil de recrutement. Je vais partir sur l'heure pour Paris; je verrai le directeur de la conscription, et lui demanderai qu'il fasse paraître devant lui le malheureux fils de famille et le fils de l'opulent banquier. »

Ces paroles foudroyantes amenèrent un profond silence dans la salle; elles firent trembler tous ceux qui venaient de coopérer à la double injustice. On ne voulut pas le démontrer sur le moment. Les personnages du conseil cachèrent leur inquiétude sous une froide ironie, et néanmoins ils virent avec effroi le baron de Lanol s'éloigner. Le secrétaire général Habacuc, interprétant un coup d'œil de Monsieur le Préfet, sortit lui aussi de la salle, et courut rejoindre M. de Lanol.

Il chercha à lui prouver combien était scabreuse la démarche qu'il allait ten-ter.

« Monsieur, lui fut-il répliqué sèche-ment, vous ne savez pas jusqu'où peut aller le courage d'un homme qui soutient une bonne cause. Faites mes complimens à celui dont vous êtes le messa-ger. Je vais commander les chevaux de poste. »

Cette résolution épouvanta le secrétaire général qui, pêchant en eau trouble sous le couvert du fonctionnaire, redoutait lui aussi que la lumière fût portée dans le ténébreux labyrinthe des opérations de la conscription. Il s'en revint à la hâte rapporter ce qu'on allait faire. La chose paraissait de plus en plus sérieuse. Le général et le major, qui n'étaient pas sans avoir quelques reproches à se faire, décidèrent qu'il fallait dépêcher vers le bourru d'homme honnête l'aide de camp du premier. On donna au jeune militaire d'amples pouvoirs, afin de conjurer l'orage : car l'injustice commise était trop évidente pour se flatter de la dérober à des yeux qui en seraient prévenus.

Le baron reçut avec politesse le nouvel envoyé, qui lui apporta l'assurance que, dans la revue de départ, son protégé serait réformé.

« Et qui fera-t-on partir à sa place, dit M. de Lanol, un autre misérable, que pareillement on ravira à sa famille? Non, il faut que les deux derniers conscrits soient remis en présence, et qu'on fasse partir celui que sa santé condamne. »

Ce *mezzo termine* fit pousser de hauts cris à ceux dont la bourse s'était grossie par suite de la réforme du fils du banquier. Ils consentaient bien à sauver l'un, mais ils ne voulaient pas restituer ce qu'on leur avait payé pour la libération

de l'autre. Il fallut négocier derechef.
Le baron se tint ferme; il se montra inflexible à tous les divers arrangemens
qu'on lui proposa. Justice toute entière
fut rendue, à la grande confusion principalement du magistrat. (*Historique.*) Celui-ci dès ce moment voua à son intègre
adversaire une haine que rien ne pouvait
amortir. Il essaya de se venger un peu
plus tard, en accusant le baron de con-
spirer contre le gouvernement impérial ;
mais, quoi que depuis on ait pu dire, il
est de fait qu'en ce temps on écoutait avec
beaucoup de difficultés des insinuations
pareilles, et l'on ne sévissait que sur les
preuves les plus positives. Comme en
réalité le baron ne cabalait pas, il put bra-
ver son ennemi. Dès lors il se fit même un
malin plaisir de le contrarier en tout; il
se mettait sans cesse entre lui et ses victimes; il éclairait le ministère sur ceux
dont Monsieur le Préfet demandait la

destitution ; il criait à haute voix contre la corruption des bureaux de la préfecture. S'il se trouvait en présence de Girmel, il avait grand soin de ramener la conversation sur les infamies de 1793, ou de tonner contre les concussionnaires. Enfin on assure, nous ne le garantissons cependant pas, que ces deux personnages eurent encore à se disputer le cœur d'une femme à la mode. Le baron l'emporta ; ce fut sa dernière aventure. Une victoire pareille n'est, comme on sait, jamais pardonnée par le vaincu : elle exaspéra au plus haut degré la fureur du Préfet ; qui, d'une autre part, voyant que ses attaques ne lui réussissaient pas, commençait à mal augurer de l'issue de la lutte, dont la prolongation était un vrai supplice pour lui. Elle lui parut moins susceptible pour lui d'un heureux résultat, lorsqu'à la suite des deux retours du roi il vit le crédit que le baron possédait à Paris; dès lors, sans l'aimer davantage, il lui fit meilleur visage; il parut oublier le passé, et ce passé pesait sur son cœur, qui ne pouvait le digérer.

CHAPITRE XXIII.

LE NOUVEAU SOLEIL.

> A quelques-uns l'arrogance tient lieu de grandeur, l'inhumanité de fermeté, et la fourberie d'esprit.
>
> LA BRUYÈRE, *Caract.*, chap. XI.

L'AMITIÉ que Monsieur le Préfet portait au baron de Lanol n'était pas excessive, comme nous venons de le dire. Néanmoins, dans le moment où ce dernier vint dénoncer l'affaire désagréable que le grand-vicaire suscitait aux autorités, le magistrat, charmé de n'avoir pas à sévir contre Lubert, fut presque sur le point d'être pénétré de reconnaissance du service que le baron lui rendait. Mais trop au-dessus d'une sentimentale faiblesse, il réprima ce premier mouvement; et, selon la coutume commune, il accepta le bienfait, sans pour cela chérir davantage le bienfaiteur. Cependant si le baron lui avait été utile pour calmer la vanité furieuse de l'ecclésiastique, combien plus aurait-il eu besoin de son secours dans les traverses sans nombre que lui occasiona le superbe prélat, arrivé enfin dans son diocèse!

MONSEIGNEUR (nous ne le désignerons pas autrement, et pour cause) n'était pas du nombre de ces évêques du concordat de 1801, qui avaient soutenu le fardeau de l'épiscopat en des époques orageuses, lorsqu'une lutte s'engageait entre le souverain pontife et un souverain accoutumé à tout plier à ses volontés. Ces évêques plébéiens, comme Monseigneur les nommait, étaient à ses yeux de pauvres hères, qui avaient abaissé la splendeur de leur dignité, et qui même n'étaient pas sans quelques soupçons d'intrusion, au moins pour la plupart, sur le siége qu'ils occupèrent. Monseigneur avait abandonné la France lorsque les catholiques pouvaient avoir le plus besoin de ses secours spirituels. Il passa dans une terre étrangère, et nous ne rapporterons pas les vœux qu'il formait alors. Tout ce qu'on peut dire, c'est que, lorsque la prudence lui permit de revenir parmi nous, on pouvait le citer dans la classe de ceux qui, n'ayant rien appris, n'avaient rien oublié, pas même l'antique maxime que les grands seigneurs doivent avoir des dettes, et que l'ordre et l'arrangement sont les cachets du vilain.

On conservait encore dans le nouveau

diocèse de Monseigneur le souvenir de son prédécesseur, qui avait péri martyr sous le couteau des infâmes assassins de septembre ; qui, modeste autant que pieux, donnait aux pauvres la meilleure partie de son revenu, et dont la magnificence consistait à secourir le malheur. Jamais l'indigence honteuse ne l'avait imploré en vain ; car un luxe inutile ne lui ôtait pas les moyens d'obliger ceux qui en avaient besoin. Il allait à pied sans faste, n'ayant d'autre pompe que celle de ses vertus, et d'autres créanciers que les pauvres. La surprise publique éclata, lorsqu'on vit arriver Monseigneur, entouré d'un nombreux domestique, donnant presque tout au faste, et très-peu à ses devoirs ; lorsqu'en vrai prélat de l'ancien régime, on vit qu'il dépensait sa considération en vaines cérémonies, en étiquettes hors d'usage, en querelles peu convenables à sa vénérable dignité.

Son début annonça ce qu'il serait dans la suite : il exigea tout ; il se proclama le premier par excellence, ce qui fit présumer les méchans que *sa grandeur* n'avait jamais choisi pour texte d'un sermon les paroles mémorables de notre divin Maître, *lés premiers seront les derniers.* La bonne compaguie, charmée cependant d'avoir pour évêque celui qu'elle désignait par ces mots, *un des nôtres*, n'hésita pas d'abord à se précipiter dans son salon, espérant obtenir, en retour des hommages qu'elle lui rendrait, les égards qu'elle croyait mériter. La bonne compagnie connaissait mal Monseigneur : on lui devait tout, assurait-il avec une bonne foi admirable, et à nul il ne devait rien, non point tant à cause du caractère sévère dont il était revêtu qu'à cause de la prééminence de son illustre maison sur toutes celles du royaume. Les plus nobles du département n'étaient à ses yeux

que des bourgeois très-ordinaires : ce
plaisant orgueil était attaché depuis long-
temps à tout ce qui portait le nom de
Monseigneur, et déjà les siècles passés
avaient pareillement pu en rire.

La bonne compagnie aime assez à mé-
priser ceux qu'elle croit ses inférieurs,
mais elle ne peut souffrir que nul pré-
tende s'élever au-dessus d'elle. La conduite de Monseigneur, non-seulement la
choqua beaucoup, mais encore la plaça
dans une position délicate : elle avait proclamé la supériorité du prélat sur toutes
les matières, avant qu'il se fût montré ;
elle ne pouvait maintenant se dédire sans
se ridiculiser : il fallut donc, avec *la plebe*,
continuer à vanter Monseigneur dans sa
naissance, dans sa piété, qui éclatait au
milieu des pensions de jeunes personnes,
dans son zèle, qui le portait à calomnier
son clergé, en lui supposant, sous le
rapport des mœurs, les inclinations les

plus criminelles, dans son amour de l'u-
nion enfin, qui éclatait en troublant
toutes les consciences, pour les ramener
plus promptement aux principes qui, dans
l'étranger, avaient rendu Monseigneur
lui-même rebelle aux désirs et à la volonté du souverain pontife. Mais, en le
prônant tout haut, on se réserva le droit
de plaisanter ses travers dans l'intérieur
des salons, et le secret des boudoirs. Sa
grandeur ne tarda pas à fournir ample
matière à la gaieté publique : deux anecdotes survenues coup sur coup firent
que la bonne compagnie n'eut pas long-
temps à attendre sa vengeance.

Les académies, par le malheur de leur
position qui les rend dépendantes de l'autorité, ont plus que jamais, depuis la
révolution surtout, accepté un joug insupportable dont elles n'osent point proclamer la pesanteur. On ne vit, à aucune
époque de l'histoire, la dignité de l'homme

plus avilie qu'en ce moment. Le pouvoir a tout envahi : la masse des individus a cru qu'elle ne saurait exister honorablement si, par quelques fonctions, elle ne tenait à la puissance ; dès lors toute indépendance a disparu. Ceux qui voulaient se vendre attendaient autrefois qu'on vînt les acheter ; maintenant ils courent en foule à celui qui peut les acquérir : on se hâte de lui dire à quel prix on s'estime, et généralement on ne croit pas valoir grand'chose, car on ne se fait pas payer très-cher. Ceux-mêmes qui échappent à cette avilissante transaction mettent souvent dans leur pensée qu'ils doivent accorder plus qu'on ne leur demande, faisant par condescendance ce que le plus grand nombre fait par avidité ou par pure bassesse.

L'académie du chef-lieu ne refusa pas de suivre la commune règle ; elle ne sut point faire désirer ses faveurs. Conduite par la servilité, aimant trop ce qu'elle appelait les bons principes, elle voulut s'associer les lumières de son prélat ; lumière que le facétieux père André eût appelée un faible fallot. Monseigneur n'était pas arrivé que déjà sa place était réservée ; on la lui destinait avant qu'il la demandât. Le seul baron de Lanol, qui ne craignait pas de tout dire, pria la société de lui faire connaître quels titres recommandaient le nouvel élu, qui n'avait jamais rien produit. A ce propos on sourit, et l'on parla de la naissance de l'évêque, ce qui, incontestablement, le rendait très-digne des honneurs du fauteuil académique. Un voisin du baron, piqué en outre de sa demande, ajouta les mots suivans à la première réponse.

« Voilà, monsieur, une question bien singulière ; croyez-vous qu'il faille avoir écrit pour être membre de l'académie? A cette condition, nul de nous n'y siégerait.

J'y pris place en qualité de bon gentilhomme ; monsieur y fut nommé parce
qu'il est pieux, et monsieur à cause de
ses bons principes. Monseigneur, outre
qu'il est de bonne maison, et qu'il pos-
sède les mœurs édifiantes de nos évêques
de l'ancien régime, est académicien de
droit. »

« D'ailleurs, ajouta Delmond à demi-
voix, ne s'avouant pas trop s'il lançait
une épigramme, il paraît, d'après les antécédens académiques, qu'on n'exige aucune production des prélats ; ils sont dis-
pensés de faire des preuves de mérite, le
leur étant la conséquence de la nomination du gouvernement. »

— « Je me tiens pour battu, répliqua le
baron ; et par ce principe je reconnais
que notre évêque doit être le premier
auteur de la chrétienté. »

La nomination de Monseigneur n'étant
plus contestée, elle eut lieu tout d'une

voix. Dès qu'il fut descendu en son palais épiscopal, l'académie envoya une députation pour le complimenter, et en même temps afin de lui apprendre son admission au nombre des quarante immortels.

« C'est très-bien, messieurs, leur répondit-il; j'aime beaucoup les académies : je fréquentais, avant d'entrer au séminaire, celles d'armes et d'équitation. (*Historique.*) Vous ne devez pas douter du plaisir que j'aurai à m'unir avec vous dans vos séances particulières et publiques. »

La députation, charmée de ces gracieuses paroles, se retira pour en faire part à la compagnie assemblée. On arrêta le jour de la solennelle réception du prélat; et Monsieur le Préfet, en sa qualité de président, fut chargé de s'entendre avec lui sur tous les détails du cérémonial. Le magistrat se souciait peu de la commission qu'on lui donnait. Le baron de Lanol, et deux ou trois autres académiciens, lui recommandèrent de veiller au maintien de la dignité du corps, déjà fortement compromise par le seul fait d'une nomination qui avait eu lieu contre toutes les règles, et comme jetée à la tête d'un personnage incapable d'en apprécier la valeur.

Monsieur le Préfet, malgré le fameux décret des préséances, avait été forcé de céder la main au fastueux prélat; il l'avait fait sans murmure. Impatient de faire oublier, à force de condescendances, l'époque où, moins serviteur du clergé, il avait envoyé tout un séminaire, le sac sur le dos, augmenter le nombre de nos soldats (*Historique*), dès l'apparition de Monseigneur, il renonça à toute idée d'indépendance; dès lors pouvait-il combattre en faveur des prétentions d'un corps qui lui était à peu près étranger, lorsqu'il avait abandonné toutes les siennes? Il savait en outre que Monseigneur n'était pas content, car l'hôtel de la Préfecture était l'ancien palais épiscopal ; et l'évêque s'indignait parfois que l'administrateur n'eût pas, en le voyant, abandonné la demeure sacrée.

Cependant il fallut céder aux désirs de l'académie. Monsieur le Préfet se transporta chez Monseigneur : là on décida avec gravité la place respective de chaque acteur de la scène ; et Girmel insinua, plus qu'il ne recommanda au récipiendaire, de vouloir bien se conformer aux usages de la compagnie. Il termina sa mission au contentement de sa grandeur, à laquelle il promit, malgré la force des antécédens, que le titre de Monseigneur lui serait accordé durant la séance, immolant ainsi à de vaines considérations l'égalité académique. Poussant en outre la complaisance au dernier point, il lut par avance, au prélat, le discours qu'il prononcerait le jour solennel :

cet ouvrage, nul sous le rapport litté-
raire, n'était rempli que des louanges du
récipiendaire; celui-ci daigna s'en montrer satisfait. Il complimenta à son tour
le fonctionnaire sur la bonté de ses opinions, et profita de la circonstance pour
lui parler de quelques objets qui lui dé-
plaisaient dans la marche des affaires
administratives.

— « Vos subordonnés, lui dit-il, n'ob-
servent pas assez l'ordonnance de police
concernant les dimanches. »

— « Je ferai connaître à Monseigneur,
répliqua Girmel, que cette ordonnance
ne peut être exécutée dans mon département, et qu'aux maires seuls appartient
la police de leur commune. »

— « Eh bien, mon cher enfant, il faut
que vos maires en rendent une pareille,
ou qu'ils signent leur démission : ne man-
quez pas de le leur commander. Je me
promènerai dans la ville un prochain jour

du Seigneur, et j'examinerai si la religion est respectée comme elle doit l'être. Je dois encore vous faire observer que l'unique cabinet de lecture qui se trouve dans cette cité contient une foule d'ouvrages pernicieux et très-immoraux; je vous engagerai à les faire disparaître. »

Monsieur le Préfet ne put faire comprendre sans peine à Monseigneur que l'étendue de ses attributions n'allait pas encore jusque-là. Mais comme le prélat, malgré ce qu'on lui disait, persistait dans ses volontés, il finit par convenir avec lui, en forme d'accommodement, que l'on ferait rayer des catalogues du libraire les titres de tous les ouvrages proscrits, qui étaient ceux des meilleures productions de nos grands maîtres, et que nul recueil de ce genre ne pourrait dorénavant être publié, si, au préalable, il n'avait été soumis à la censure du supérieur du petit séminaire. *(Historique.)*

Le Préfet, libre enfin de cette longue entrevue, était à peine rentré dans son hôtel, lorsqu'on lui annonça la visite du chanoine secrétaire de l'évêque. Il ordonna que son cabinet fût soudain ouvert à l'ambassadeur, tandis qu'il s'y rendait lui-même en toute hâte pour le recevoir. Après les premiers complimens échangés, le chanoine expliqua l'objet de sa visite.

— « Je viens, Monsieur le Préfet, dit-il, de la part de Monseigneur, vous témoigner d'abord sa satisfaction de tout ce qui s'est passé ce matin entre sa grandeur et vous. Le saint prélat, dont le tact est si fin, dont le goût est si sûr, a été enchanté de l'éloquence, de la grâce, de l'harmonie imitative qui embellissent votre beau discours. Vous avez blessé, il est vrai, quelque peu sa modestie chrétienne par les éloges, que d'ailleurs il mérite si bien, et que vous avez su lui donner avec une justesse parfaite. Il ne vous invitera pas à les supprimer, afin de ne rien faire qui puisse vous désobliger, se conformant ensuite au précepte connu, *ce qui est écrit est écrit*. Mais il a trouvé, et après lui je ne craindrai pas de le dire, il a trouvé, le saint et humble prélat, que vous avez parlé bien petitement de la noblesse de son antique famille. Il lui semble, sur ce point, qu'une douzaine de périodes plus nourries de faits, et d'aperçus dignes de tant de splendeur, seraient très-convenables vu la circonstance : elles charmeraient l'académie et les assistans; elles les rendraient fiers d'avoir pour premier pasteur un sage d'un sang tant auguste : je répète, du reste, les propres expressions de Monseigneur. Et comme peut-être vous n'avez pas bien présente l'histoire de cette glorieuse maison, je suis chargé par Monseigneur de vous prier de copier fidèlement un mémoire composé à ce sujet par un de ses grands oncles, prélat savant, pieux, modeste comme lui; et je dépose dans vos mains ce manuscrit précieux. (*Historique, très-historique.*) »

Quelque préparé que pût être par les antécédens, M. de Girmel, au délire d'un tel homme, il demeura si confondu de ce qu'il entendait, qu'il put à peine balbutier quelques paroles pour annoncer son assentiment aux désirs de Monseigneur. Il reprit son discours après le départ de l'émissaire, le retoucha, le refondit, en l'augmentant du tableau généalogique de ce plaisant personnage, et fit plus : il se détermina à prononcer une pareille rapsodie; car il avait fait lui aussi le serment du maréchal de S...., et il ne voulait point perdre sa place.

Le jour de la réception du prélat luisit enfin. Une foule nombreuse et choisie se groupa dans la salle; elle put voir la livrée de Monseigneur confondue parmi les académiciens, et semblant partager avec leur maître les honneurs de la séance. On accabla d'hommages le vaniteux prélat; il parut satisfait, et néanmoins dès ce moment il ne se montra plus dans l'Académie. Ses confrères eurent l'audace extrême de lui refuser un fauteuil à bras et brodé à ses armes, qu'il exigeait pour les séances particulières et publiques. (*Historique.*) L'Académie par sa retraite perdit un grand littérateur!

CHAPITRE XXIV.

LE THÉATRE ET LES ÉTUDIANS.

Qui méprise Cotin n'estime point son roi,
Et n'a, selon Cotin, ni Dieu, ni foi, ni loi.

BOILEAU, Satire IX.

AVANT que Girmel devînt préfet, on n'a pas sans doute oublié qu'il avait comme auteur commencé sa carrière. Plusieurs pièces de théâtre étaient échappées à sa verve poétique; il les aimait en père tendre, songeant souvent aux suc-

cès qu'elles avaient obtenus sur les théâ-
tres de la capitale. Depuis long-temps il
souhaitait ardemment les voir représenter dans la salle de spectacle du chef-
lieu ; mais un reste de retenue le contenait dans son désir. Il se disait combien
il était peu séant qu'un grave magistrat
s'exposât, au milieu de ses administrés,
aux caprices de la multitude ; qu'il devait
redouter la malice de ceux qui ne seraient pas fâchés péut-être de lui procurer une humiliation désagréable : mais
que peut le bon sens contre la manie
d'auteur ? Monsieur le Préfet s'expliqua
parfaitement tous les dangers de sa tentative, et ne résolut pas moins d'en courir les chances. Nous devons, avant d'apprendre au lecteur quel fut le résultat
de cette détermination, remonter aux
causes premières qui durent amener les
événemens de l'avenir.

Figaro l'a dit, rien n'est libre en

France comme le théâtre. Pourvu qu'on ne parle ni de l'autorité, ni du culte, ni de la police, ni de la morale, ni des gens en place, ni des corps en crédit, ni de l'Opéra, ni des autres spectacles, ni de personne qui tienne à quelque chose, on peut tout faire jouer librement, sous l'inspection de la plus libérale des censures. En conséquence de cette liberté, les acteurs sociétaires de la salle du chef-lieu formèrent le projet de jouer le répertoire varié des chefs-d'œuvre de la scène française. Ils demandèrent l'autorisation nécessaire à Monsieur le Préfet, qui, rempli d'amour pour les beaux-arts, la leur accorda, en leur faisant même un compliment très-flatteur. Il les engagea seulement à communiquer leur répertoire au sieur Habacuc, secrétaire général, homme, leur dit-il, très-érudit, et fort en état de leur donner de bons avis.

Les comédiens comprirent au premier mot ce que voulait dire cet éloge ; mais force fut à eux de se soumettre. En conséquence du propos, le régisseur vint le samedi suivant apporter au censeur déguisé la liste du répertoire de la prochaine semaine. Le fonctionnaire éplucheur, après quelques expressions bienveillantes, mit ses lunettes, et lut la liste comique et tragique en ânonnant quelque peu.

Tancrède, la *Métromanie*, belles pièces, dit-il, très-célèbres ouvrages ; mais je ne puis vous conseiller de les présenter au public. Dans la première, il est constamment question d'un grand homme opprimé qui a sauvé son pays : ceci pourrait déplaire à de bons esprits ; ainsi cherchez-en une autre. Quant à la comédie, le respect dû *au second ordre de l'état* ne permettra pas de laisser réciter des vers dans lesquels on avance des

propositions très-hasardées; par exemple,
que

Une pièce d'éclat
Ennoblit bien autant que le capitoulat.

» Lundi, le *Tartuffe* et *Toberne ou le
Pêcheur suédois*. Oh! pour *Tartuffe*,
je le raie sans pitié; je suis de l'avis de
Bourdaloue, et après ce grand prédica-
teur, vous n'aurez rien à dire, je pense.
Toberne, fi! messieurs! y songez-vous?
un paysan honnête homme, tandis que
le favori d'un prince est peint en vrai
scélérat! les applications ne seraient pas
sans danger. — Mardi, *l'Honnête cri-
minel; Rose et Colas*. Je passe l'opéra;
mais j'éloigne le drame; il outrage la pléni-
tude de la puissance de nos anciens rois,
qui firent long-temps condamner très-
justement les calvinistes aux galères. —
Mercredi, *Zoraïme et Zulnar; les Mé-
nechmes*. Je n'ai rien à dire. — Jeudi,

la Fausse Agnès; la Belle Arsène. Bon spectacle! — Vendredi, *Mahomet; les deux Journées.* Oh! je vous arrête ici de toutes parts. Quelle audace! Mahomet est un personnage très-vénérable; il ne faut pas nous brouiller avec la Sublime Porte, ni avec les chefs des diverses religions. Quant à l'opéra, il est très-séditieux, et d'un libéralisme justiciable des cours d'assise. Croyez-vous que l'on vous passera un conseiller au parlement qui a pris les intérêts du peuple contre le ministre qui pressurait les Français? Il faut toujours respecter les ministres, même dans leurs erreurs; ils sont infaillibles jusqu'au moment de leur chute. — Samedi, *la Mort de César.* Ah! l'indignité! c'est une école du régicide. *Le Rossignol.* Très-jolie pièce; l'autorité n'a rien à perdre à sa représentation. — Dimanche, *le Mariage de Figaro, ou la Folle Journée.* Parbleu, monsieur, voilà un bien impertinent répertoire ! Vous êtes-vous imaginé de nous tromper au point qu'on laisserait jouer un ouvrage dans lequel on tourne en ridicule ce qui ?... Allons, allons, cherchez d'autres pièces plus appropriées aux circonstances, les tragédies de M. R....u, par exemple ; les opéras de M. D.....r ; les pantomimes de Franconi ; les vaudevilles des Variétés ; voilà des élémens très-dignes de composer un excellent répertoire : vous inspirerez aux spectateurs, en jouant ces ouvrages, les sentimens monarchiques que nous voulons faire renaître. Hélas ! quand aurons-nous la joie de voir préférer les pièces de Collé à tout ce prétendu fracas tragique de ces poëtes que, de nos jours, la censure eût réduits à la dimension de nos projets ? (*Historique.*) »

Le régisseur, stupéfait d'une sortie pareille, revint rendre compte à ses commettans de la manière dont le secrétaire général entendait la liberté du théâtre, et combien il aimait la représentation de nos anciens chefs-d'œuvre. Il fallut néanmoins se soumettre à la volonté d'en-haut, et chercher des ouvrages dramatiques qui ne fussent dangereux que pour les bonnes mœurs ; ceux-là n'ayant pas à craindre beaucoup de la sévérité de la censure. Cette dame est quelque peu ombrageuse, son inquisition porte au loin ses regards ; en voici une preuve dans plusieurs faits qui eurent lieu sous la dictature de M. Habacuc. L'acteur chargé, dans *le Barbier de Séville*, du rôle de Basile, eut le dangereux honneur d'attirer sur lui les regards d'une puissance établie à cette époque en un château de l'Espagne, situé sur l'extrême frontière, d'où elle négociait avec les puissances du reste de l'Europe. Le Basile en question avait, selon le constant usage, couvert son chef d'un large chapeau, roulé sur les côtés : nul encore dans la ville n'avait trouvé condamnable que l'on adoptât le costume espagnol dans une pièce dont la scène se passait au delà des Pyrénées; mais, depuis le jour où les modèles de cette sorte de coiffure abondèrent en France, le chapeau de Basile dut être réformé. On donna l'ordre à l'acteur de placer sur son front un chapeau rond, à moins qu'il n'en préférât un à cornes, ou une casquette, laissant ce point à son choix; car nous sommes dans un pays franc et libre. (*Historique.*)

On a joué deux fois à Paris un défunt grand opéra, qui est mort dans le souvenir de tout le monde. Le directeur du théâtre du chef-lieu imagina que cet ouvrage pourrait présenter quelque intérêt dans la ville au moment où l'Académie était rétablie. Il sollicita et obtint la permission de le monter; mais le secrétaire général, sur le vu de la pièce, ac-

courut tout essoufflé chez Monsieur le
Préfet.

« A quoi pensiez-vous, monsieur le
baron, dit-il d'un ton désapprobatif, qu'il
savait devoir être excusé à cause de l'importance de l'affaire, lorsque vous avez
autorisé la représentation de cette œuvre
lyrique, sans l'avoir lue avec attention?
On ne peut rien laisser au hasard; la malice des hommes est si profonde! Voyez
cet opéra, il est séditieux; non par les
maximes que débitent les personnages,
mais bien par le nom d'un de ceux-ci.
Écoutez-le, et puis jugez les suites de ce
nom prononcé en public. Un ménestrel
qui aime son pays! dont les odes sont
dans toutes les bouches! qui triomphe
de ses rivaux, et qui s'appelle Bérenger!!!

— « Bérenger!!! *oihme!* c'est le diable! Et vite, retirez le permis; il nous
perdrait sans doute, car les applications,
les applaudissemens..... »

— « Seraient si naturels. »

— « Qu'avouez-vous, monsieur Habacuc? »

— « J'achève votre pensée, Monsieur le Préfet. »

— « Mais je réfléchis néanmoins que le grand opéra est annoncé ; la direction a fait des dépenses assez fortes. Ne pourrait-on arranger les choses de manière à contenter le public sans compromettre la sûreté du royaume ? »

— « Je n'en vois pas le moyen. »

— « Et moi je le trouve, mon cher secrétaire général ; laissons le personnage, mais changeons son nom en celui de Floranger, par exemple ; la rime reste...»

— « Oui, nous ne manquerons qu'à la raison, cela ne nous embarrasse guère. »

— « Mon Dieu! si on écoutait toujours la raison, on administrerait tout de travers. »

— « Eh! vous administrez à merveille. »

— « Va donc pour Floranger, c'est convenu. » (*Historique.*)

— « Et non sans peine. Ah! les auteurs, les maudits auteurs! ils désolent l'autorité. »

Après cette imprécation si bien placée, et le dangereux troubadour si bien masqué, le Préfet, content de sa ruse, termina le colloque, très-convaincu qu'on n'eût pas mieux fait à Paris, où pourtant on est bien habile en ce genre de génie.

Malgré les soins du magistrat à cacher ses ridicules craintes, le public en fut informé. Il commença par rire aux dépens de ceux qui se donnaient tant de peine pour le détourner de toute sédition, et puis finit par en prendre de l'humeur. Sur ces entrefaites, arriva un jeune acteur, plein de mérite, qui jouait avec succès les ouvrages de nos modernes tragiques. Parmi ceux qu'il représenta, *les Vêpres Siciliennes* attirèrent la foule ; tout à coup partirent d'insolens applaudissemens, provoqués par quatre vers, que nous rappellerons aux amateurs des nobles pensées fortement exprimées.

Se reposant sur vous du poids d'un diadême,
Le roi vous a-t-il fait plus roi qu'il n'est lui-même ?
D'où vient que son ministre, avec impunité,
Ose porter les mains sur notre liberté ?

Ces acclamations imprévues déconcertèrent Monsieur le Préfet. Il fallait peu de chose pour l'épouvanter, tant le cher seigneur tenait à sa place. Furieux contre les spectateurs qui ne craignaient pas de le compromettre, il défendit à V..... de continuer le cours de ses représentations, à la veille du jour où il devait jouer Sylla, le chef-d'œuvre de la tragédie actuelle. A la place de ce bel ouvrage, il fit mettre sur l'affiche *les Héritiers Michaud* et *le Diable couleur de rose.* Ceci encore était une fausse démarche, car il ne convenait pas d'exposer au courroux du public un opéra tout royaliste, et de faire une affaire d'opinion de ce qui n'avait été qu'une épigramme anti-ministérielle. Mais en de pareilles circonstances, la maladresse est presque toujours le partage des agens de l'autorité ; ils font mal constamment, parce que la passion les aveugle, et que l'homme en colère ne raisonne jamais. La jeunesse du chef-lieu fut plus prudente que le magistrat ; elle contint l'explosion de son mécontentement, attendant avec patience l'heure de la vengeance, qui ne tarda pas à sonner.

Monsieur le Préfet ignorait à quel point on avait été choqué dans la ville de sa tyrannie dramatique, si l'on peut s'exprimer ainsi. Bercé par les cajoleries de ses flatteurs, il croyait *son peuple* autant soumis que fidèle ; et un mois après le

départ de l'acteur étranger, il ne craignit
pas d'exposer ses propres opéras au juge-
ment du parterre. Dans la société on parlait avec enthousiasme de ces poëmes en-
fantés par l'administrateur. Ceux mêmes
qui n'allaient jamais au spectacle déclarè-
rent ne pas vouloir manquer une seule de
ces intéressantes représentations. Le soir
où la première devait avoir lieu, les lo-
ges furent louées à l'avance, et le premier balcon put à peine contenir la quan-
tité de *gens comme il faut* qui venaient
applaudir, ou plutôt se montrer applau-
dissant.

Un esprit différent conduisait au parterre la jeunesse de la ville. Elle avait
enfin trouvé le moyen de punir le magistrat, elle pouvait le faire sans être taxée
d'injustice ou de mauvais goût, car elle
allait sévir contre de bien faibles ouvrages. Dès le milieu du premier acte, un
murmure confus de mécontentement s'é-

leva du centre de la salle; plus tard on hua de méchantes plaisanteries; bientôt un son aigu se fit entendre, et soudain deux cents sifflets répondirent à cet appel. On peindrait malaisément la surprise de la troupe louangeuse, lorsqu'elle entendit insulter Monsieur le Préfet en sa propre présence. Celui-ci, furieux en sa qualité d'auteur, crut pouvoir punir en fonctionnaire. Son grand chambellan Romeval était auprès de lui dans ce moment; il implora son appui, et le gendarme, charmé de redevenir nécessaire, sortit pour commander à ses gens de monter à cheval. D'une autre part, les commissaires de police, officieux défenseurs de l'œuvre préfectorale, se précipitèrent bravement dans le parterre, accompagnés de leurs agens. Là, comme il arrive toujours en pareille circonstance, ce ne furent pas les coupables qu'on put saisir, mais les premiers qu'on trouva sous la main. Les innocens sont en général peu curieux de payer pour ceux qui ont fait les fautes; ceux qu'on prétendait arrêter, usant du droit commun, qui autorise la défense contre une injuste agression, se défendirent de leur mieux; de part et d'autre des gourmades furent échangées, mais le nombre l'emporta; la police vaincue battit en retraite, afin de requérir le concours de la force armée, les gendarmes n'étant pas venus encore. La jeunesse triomphante, évacuant le parterre, courut dans les corridors continuer le combat. Là, de nouveau la mêlée s'engagea; elle fut, grâce à Dieu, peu sanglante; quelques visages meurtris furent le dernier résultat de l'affaire.

A la vue de cette mêlée, dont des étourdis augmentèrent la confusion en criant au feu! une épouvante générale se répandit dans la salle, les plus effrayés communiquèrent leur terreur aux autres; la

foule se précipita dans les couloirs, dans
les escaliers, pour chercher le salut
dans la fuite; les amis, les amans se séparèrent, et plus encore les époux. Ici,
on criait à tue-tête; là, une femme
pleurait, comme de raison, sans savoir
pourquoi, et la multitude, à l'unanimité,
maudissait le peu de bon sens de Monsieur le Préfet. Il n'y a plus de flatteurs
dans une déroute générale; là, les choses
sont nommées par leur nom, et les
hommes classés seulement selon leur
mérite.

Le théâtre était vide; le public se retirait
en paix, lorsque l'héroïque Romeval ac-
courut enfin à la tête de la cavalerie. Plusieurs inspecteurs de police le prévinrent
que, tout étant terminé, son intervention
devenait inutile; mais lui, âpre de gloire,
ne voulut pas que la soirée finît ainsi. Il
ordonna à ses gens de le suivre, et, par-
tant au grand galop, il fit la plus belle

charge que jamais il eût faite dans sa vie. Les libéraux même, dont on connaît la haine pour tous ceux qui pensent bien, prétendirent que c'était sa première. Il enleva cinq ou six bourgeois, accompagnés de leurs tendres moitiés, qui se retiraient paisiblement dans la grand'rue de la ville. Romeval, après les avoir reconnus, ne voulait-il pas encore les emmener; ne prétendait-il pas leur faire payer les folies du parterre! et dans le nombre de ces infortunés étaient pourtant le barbier de monseigneur l'évêque, et le confiseur de Monsieur le Préfet! Ces dignités subalternes s'expliquèrent avec le redoutable gendarme; il fut contraint à croire à leur innocence, que proclamait assez leur terreur, il les laissa aller à son grand regret, et s'en revint vainqueur avec tous les siens, sans perte d'un seul homme!!!

Girmel n'ignora point cette marque de

dévouement; il avait encore sur le cœur le bruit des sifflets de la veille; aussi dit-il au héros le lendemain :

« Vous pensez bien, mon cher Rome- val, qu'un événement de ce genre ne peut avoir lieu sans une cause supérieure. Il faudrait être frappé de cécité, si l'on ne voyait clairement en ceci une attaque du comité directeur, moins dirigée contre moi, que contre la personne auguste du souverain. Du reste, le gouvernement est engagé par son intérêt personnel à sévir avec fermeté pour épouvanter les rebelles. Je cherche maintenant les moyens de faire tomber sur eux les foudres du pouvoir, de manière toutefois à ne plus faire croire que je cède uniquement aux suggestions de mon amour-propre offensé. »

Romeval, par son dévouement, avait tout le zèle possible pour servir ses amis dans leurs intrigues galantes; il pouvait même à table donner un bon conseil sur

la meilleure façon de préparer un mets
délicat; mais au fond il était bon homme,
et son esprit n'étant pas des plus ardens,
il était incapable de diriger Monsieur le
Préfet dans ses idées de vengeance. Ce
dernier ne tarda pas à s'en apercevoir;
il cessa de l'entretenir de ses projets; il
accepta seulement l'office que Romeval
lui fit de protéger, avec les gendarmes,
tant à pied qu'à cheval, les représentations suivantes de ses chefs-d'œuvre, s'il
lui plaisait de les exposer de nouveau aux
outrages d'un parterre constitutionnel.
Ce fut la plus grosse injure qu'on trouva
pour désigner le public.

Un personnage plus habile fut revêtu
du titre de confident. Le sieur Habacuc,
secrétaire général de la Préfecture, homme à toute main et dont l'argent était le
dieu, obtint cette charge peu honorable.
Habacuc n'avait jamais connu son honneur et sa conscience que par le prix au-

quel il les avait vendus. Il passa le temps
de la révolution comme tant de misérables dont on vante aujourd'hui la pureté.
Il avait commis des actions coupables,
et pour en faire perdre le souvenir, il se
lança bien loin de son pays, sachant qu'il
ne prophétiserait pas au milieu de ses
compatriotes, parce qu'il leur était trop
connu. Plat louangeur de Napoléon, qu'il
accablait de flatteries empoisonnées, il
devint le plus furieux de ses antagonistes
quand le colosse fut renversé. Vrai ca-
méléon politique, il conserva toujours sa
place parce qu'il sut ramper à propos, et
que, posté derrière le pouvoir, il lui inspirait des actes de violence, en l'entraî-
nant à faire le malheur du département.
Lui le premier, après les cent jours, en-
fanta la lucrative idée de suspendre de
leurs fonctions tous les agens comptables,
sous prétexte de leurs mauvaises opinions;
et fit déclarer innocens et bons royalistes

ceux dont la fortune mérita des égards qu'elle paya.

Certes, Monsieur le Préfet ne pouvait mieux choisir, pour agent de ses vengeances, que ce juif de nom, de caractère, et très-certainement de race.

Vous êtes embarrassé, lui dit Habacuc, de trouver l'occasion de frapper une jeunesse insolente? Rien n'est plus aisé, ce me semble. Ce soir, sans autre retard, je saurai combler vos désirs; ordonnez au directeur de faire jouer une pièce bien royaliste, cela me suffira pour atteindre tous vos ennemis.

Alors il déroula au magistrat le plan qu'il avait tracé, et obtint l'autorisation nécessaire pour le mettre à exécution. Il y avait dans le chef-lieu, comme malheureusement dans toutes les villes, un groupe nombreux de ces hommes qui forment le *caput mortuum* de l'espèce humaine. Assassins sous la convention nationale, chevaliers de la compagnie de Jésus sous le directoire, limiers de la police sous Napoléon, et plus tard odieux défenseurs de la cause sacrée de la religion et de la légitimité. Armée révolutionnaire autrefois, maintenant organisés en compagnies secrètes, ils jouaient à la fois le rôle d'espions et de bandits. Une somme légère, deux bouteilles à vider, les donnaient pour satellites à quiconque voulait les employer. La débauche la plus honteuse, les vices les plus bas, achevaient de les infecter, et cependant plus d'une fois la bonne compagnie ne rougit point de faire un pacte avec eux, et de marcher l'égale de cette tourbe désordonnée.

Ce fut parmi eux que Habacuc courut chercher les instrumens dont il avait besoin. Quarante sous donnés à chacun de ceux qu'il voulut employer, un billet de spectacle accordé en outre, les lui subordonnèrent pour toute la soirée. Il leur adjoignit quelques jeunes gens d'honnêtes familles, vertueux eux-mêmes, mais qui, égarés par l'esprit de parti ou par l'ambition de parvenir aux places, consentirent à diriger les scélérats qui les dégoûtaient en s'approchant d'eux. Nous ne décrirons pas la scène déplorable qui fut la suite de ces coupables menées, elles ont été répétées trop souvent sur divers points de la France pour avoir besoin de les retracer ; elles n'eurent lieu d'ailleurs, nous ne craignons pas de le dire, que parce qu'on ne voulut pas les prévoir, ou qu'on avait intérêt à les laisser éclater ; celle du chef-lieu dégénéra en querelles particulières. Plusieurs adolescens, dignes d'un meilleur sort, tombèrent sous le fer duelliste. Leurs familles, livrées à la plus vive affliction, demeurèrent inconsolables de leur perte, en maudissant ceux qui avaient excité l'exaspération des partis ; mais peu importait à ces misérables que nous avons signalés ! leurs haineuses passions étaient satisfaites, et ils avaient dans leur intérêt alarmé le gouvernement qui ne se croyait en sûreté que par la vigilance de quelques mandataires infidèles.

Les jeunes gens, furieux de l'injustice de leurs agresseurs et punis par de mauvais traitemens, par la réclusion momentanée, par de longues poursuites judiciaires, se soulevèrent dans les écoles qu'ils fréquentaient. Ils voulurent à leur tour interdire au public l'entrée de la salle de spectacle, la lutte fut par eux soutenue avec désavantage. Chassés des cours de sciences ou d'arts, déclarés indignes aux regards de tout le royaume, ils virent leur carrière fermée, leur avenir compromis, et tout cela parce que Monsieur le Préfet avait enfanté de méchantes pièces et qu'il employait son pouvoir à les faire applaudir.

Les excès commis par ce fonctionnaire, l'inconvenance avec laquelle il traita dans l'Hôtel-de-Ville le maire du chef-lieu, homme d'honneur, et qui s'affligeait du mal qu'on faisait à ses administrés, indignèrent les citoyens ; mais cette même *furibonderie* le rendit précieux à une classe de gens qui depuis ce moment le regardèrent comme une proie qui ne pouvait plus leur échapper. Ils vantèrent son énergie ; ils admirèrent son dévouement : on fut certain que les usurpateurs des libertés publiques, si jamais ils prenaient le dessus, trouveraient en lui un magnanime auxiliaire. La comtesse de Mertange, après avoir pris l'avis de toute la société, le récompensa dignement en l'engageant à dîner chez elle ; la huitième place à table lui fut cédée tout d'une voix, un Préfet roturier devant toujours passer après les gentilshommes. Enfin un duc d'autrefois eut la bonté de frapper avec aménité l'administrateur sur l'épaule en présence d'une nombreuse compagnie, comme un témoignage de son contentement.

CHAPITRE XXV.

L'AUTRE GILBLAS.

J'ai fait tant de métiers, d'après le naturel,
Que l'on peut m'appeler un homme universel.
. . . .
Faute de revenu je vis de l'industrie.

REGNARD, *Fol. amour.*

VIVE l'industrie! disent chaque jour
ces honnêtes négocians qui doivent leur
fortune à leur probité comme à leur intelligence; vive l'industrie! s'écrient dans
un sens bien opposé ces hommes perdus
dans l'opinion publique, se levant le

matin presque toujours sans savoir de quelle manière ils fourniront à leurs plus pressans besoins durant le cours de la journée; vive l'industrie! ajoute parfois M. Habacuc en se frottant les mains, et se rappelant de quelle manière et par quels moyens il est parvenu à jouir d'une belle existence, à mériter une ombre de considération, due à l'exaltation de sa conduite dans les derniers temps. Il était en effet parti de loin, le secrétaire général dont nous faisons connaître les méfaits, et que nous avons promis de livrer à notre lecteur, au commencement de ce véridique ouvrage, dans toute l'horreur de sa complète nudité. Nous allons tenir notre parole, et raconter en abrégé les vicissitudes d'une vie qui n'eut jamais rien à démêler avec l'honneur.

On ne choisit point son père. Ce vers d'une ode adressée, je crois, par Lefranc de Pompignan, qui tirait quelque vanité du sien, à Jean-Baptiste Rousseau, assez faible pour rougir d'être né d'un savetier, nous ordonne de ne pas trouver mauvais que le sieur Habacuc eût à chercher le respectable auteur de ses jours parmi ces utiles citoyens qui, travaillant pendant la nuit, débarrassent nos maisons de certaines matières très-propres à engraisser les champs, et qu'exploitent en gros de fort estimables personnes. Dans ce siècle avisé, où l'on fait argent de tout, plus d'un père répète à ses proches les paroles adressées par l'empereur Vespasien à Titus, son fils, *que l'argent ne conserve aucune mauvaise odeur*, de quelque sorte qu'il arrive dans la bourse.

Habacuc, élevé dans la profession paternelle, s'en dégoûta à la suite d'une chute dont nous ne donnerons pas les détails, par égard pour la délicatesse des dames. Après qu'il se fut débarbouil-

lé, il consulta avec lui-même quelle carrière il voulait parcourir. Le curé du
lieu, grand buveur et bon moliniste,
avait besoin d'un garçon qui pût remplir
les triples fonctions de dresser chez lui
la table à manger, d'aller garder dans
les champs sa vache laitière, qui dîmait
sur tous les voisins, et de l'assister à l'autel dans les saintes cérémonies. Habacuc
fut s'offrir au pasteur, qui accepta ses
services. Le voilà tour à tour galopin au
presbytère, pâtre dans les champs, et
clerc à l'église. Il était vêtu de la dé-
froque de son maître : il recevait pour
gages des leçons de latin, qui plus tard
lui devinrent très-utiles, les petits présens,
qu'en sa qualité d'assistant à l'autel on lui
donnait aux mariages, aux baptêmes, aux
enterremens ; et en supplément, le cher
garçon y ajoutait ce qu'il pouvait grappil-
ler dans les bassins destinés à recevoir
l'offrande des fidèles.

Quelques années s'écoulèrent, et notre héros atteignit sa dix-huitième année ; alors son cœur parla, et se fit écouter d'une pauvre fille du village. Surpris *flagranti delicto* avec elle, par le curé, il fut chassé sur l'heure, attendu que l'ecclésiastique était inflexible sur l'article des bonnes mœurs, et qu'il avait dans sa maison une nièce dont le père était mort depuis si long-temps que personne n'en avait ouï parler. Habacuc, banni du presbytère, crut devoir à son tour renoncer à son amante : il acheta la boutique ambulante d'un colporteur qui venait de s'établir dans le village ; et un beau matin il se lança sur la grande route, déterminé qu'il était à faire son chemin. Le voilà courant çà et là les fermes, les maisons isolées, les villages ; vendant de la mauvaise toile qu'il faisait passer pour du superbe Rouen, des bijoux de chrysocale, qu'il donnait par distraction pour de l'or contrôlé, et aunant de telle manière, qu'une pièce d'étoffe semblait s'allonger sous ses doigts. Cela allait bien, et le petit négoce prospérait, lorsqu'un juge de mauvaise humeur prétendit que la demi-aune du colporteur ne devait pas être différente de celle qui était déposée à l'hôtel-de-ville du lieu. Habacuc se défendit de son mieux; mais comme il fallait dépenser beaucoup d'argent pour prouver son innocence, il se trouva au sortir de la prison, où on l'avait logé en attendant mieux, sans argent et sans nippes.

Il réfléchissait tristement à ce qu'il allait devenir, lorsque sa vue fut frappée par l'aspect d'un escamoteur qui travaillait sur la place publique. « Aux grands maux les grands remèdes, dit messire Habacuc, dont les résolutions étaient bientôt prises; il me reste un coupon de toile quadrillée : voilà de quoi m'habiller en paillasse ; et avec ce costume, je puis

courir loin. » Il se propose au prestidigitateur, pour jouer le rôle de son com-
père : il est accepté ; le voilà amusant les
badauds par ses mauvaises plaisanteries,
travaillant ensuite la muscade assez joli-
ment. Un nouveau malheur l'arrêta encore
dans cette nouvelle carrière. Novice escamoteur, il voulut exercer son talent dans
la poche d'un curieux : il en enleva une
tabatière doublée d'argent, qu'il oublia
très-certainement de rendre ; mais celui
qui prenait de la nicotiane, ne trouvant
plus sa boîte, poussa l'injustice jusqu'à prétendre que Paillasse la lui avait volée. Paillasse, encore tout effrayé de sa dernière
affaire, se rappelant surtout l'axiome
qu'il faut éviter la prison, lors même
qu'on serait accusé d'avoir volé les tours
de Notre-Dame, crut devoir décamper ;
car enfin il était plus facile de se mé-
prendre sur le larcin d'une boîte, que
sur celui d'une cathédrale.

Le voilà courant les champs. Comment
fit-il pour vivre durant cette époque ? On
ne l'a jamais bien su ; et sa modestie ne
lui permit jamais de se vanter de toutes
les gentillesses qu'il était capable de faire.
Cependant cette existence errante ne
pouvait toujours durer. Il y avait en ce
temps des cavaliers de la maréchaussée,
qui valaient presque nos gendarmes d'à
présent. Habacuc, élevé par monsieur son
père dans la crainte de Dieu et du serre-
pouce, touché d'ailleurs d'un rayon de
la grâce, entra en qualité de novice dans
un couvent de capucins : là il végéta durant une année. Il allait faire ses vœux,
lorsqu'une troupe de comédiens arriva
dans la ville que sanctifiait le monastère.
Frère Habacuc rencontra plusieurs fois à
la promenade la soubrette : il voulut la
convertir ; ce fut elle qui pervertit le fer-
vent franciscain. Il jeta le froc aux or-
ties, et six semaines après son apostasie

il débuta dans le rôle de Crispin médecin.

Assez mauvais acteur, mais portant sur la scène un front inébranlable ; tantôt sifflé, tantôt souffert, il demeura deux ou trois ans dans la troupe. Alors la révolution arriva. Habacuc, très-persuadé que lorsqu'on est sans fortune, c'est une duperie de faire l'honnête homme, se lança au milieu de la tourmente qui agitait tous les esprits. Il se mit à écrire un journal incendiaire, à outrager le gouvernement encore établi, la religion qu'il eût dû respecter, et à appeler le peuple au pillage et à l'assassinat. Comme il vociférait d'une étrange sorte, il attira sur lui les yeux de tous les mauvais sujets. Il fut élu député de la commune dans laquelle il se trouvait, et chargé par elle d'aller la représenter en sous-ordre auprès de celle de Paris. C'était peu de chose, sans doute ; mais Habacuc comprit que ce début le mènerait loin.

Le voilà dans la grande ville : il la parcourait du matin au soir, et la nuit même encore ; il ne l'employait pas toujours à se reposer. Il ne tarda pas à se lier avec Girmel, courant aussi la même fortune. Celui-ci le mit en rapport avec le sensible Marat, auquel le chevalier de Cubières adressait des odes anacréontiques ; avec l'incorruptible Robespierre, l'honnête Chabot, et autres de la même roche. Habacuc, aiguillonné par ces rares modèles, aurait bien voulu prendre son vol à côté d'eux ; mais d'une autre part une excessive poltronnerie le retenait terre à terre : Louis XVI était encore roi, et la chance pouvait tourner. L'ex-comédien se contentait donc d'agir en sous-ordre ; c'était lui qui organisait, avec de dignes accolytes, les préliminaires des insurrections. Lorsque la masse animée s'ébranlait et marchait, alors notre héros se revêtissait parfois d'un habit de femme, et se mêlait dans les groupes les plus éloignés des dangers : là, se servant avec assez de bonheur de ses talens en escamotage, il parvenait à faire d'assez bons coups ; et si par hasard le bourgeois dépouillé venait à se plaindre , *à la lanterne l'aristocrate! à la rivière l'espion de veto !* vociférait Habacuc d'une voix aigue ; et la canaille s'ameutant, faisait un mauvais parti à celui qui réclamait son bien , ou tout au moins le réduisait à garder le silence.

Ce genre de vie plaisait assez à messire Habacuc ; il l'eût volontiers continué, lorsqu'un jour, étant vêtu en dame de la halle, il eût l'infortune de prendre la poche du jeune Hullin pour celle d'un gentilhomme. Saisi sur le fait, il voulut s'en tirer comme il avait l'habitude de le faire ; mais le vainqueur de la Bastille était connu ; vainement l'escamoteur cria à *l'aristocrate !* Il reçut une volée de

coups de bâtons, fut contraint à restituer, ce qui lui parut plus dur encore,
et n'échappa de la lanterne voisine
qu'à cause de son travestissement, Hullin
s'étant opposé à ce qu'on pendît une
citoyenne.

Ne pouvant plus dérober en public,
Habacuc se fit nommer d'abord d'une
commission chargée d'accaparer les vivres,
et plus tard garde-magasin des effets en-
levés à ceux dont on pillait les hôtels. Il
y avait là d'excellentes prises à faire, si
n'eût été la probité de M. le séquestre.
Certes il ne touchait à rien; il devint seulement amateur de vieux tableaux de
Raphaël, du Poussin, de Gérard Dow et
autres maîtres; il rechercha en curieux
les belles statues de bronze, les meubles
d'or ou d'argent massif, les pierreries
bizarrement montées, tout ce qui enfin
était précieux par la matière ou le tra-
vail. Sa collection s'augmentait, lorsqu'il

fit connaissance d'une belle dame qui aimait, elle, les bijoux modernes, les étoffes les plus à la mode, et les meubles
d'un nouveau goût : ceci diminua le cabinet d'Habacuc. Il échangeait une tapis-
serie brodée à Bruges en 1540, contre
un schall de cachemire; une Vénus de
bronze fut donnée en retour d'une Psy-
ché d'acajou; des vases d'or payèrent
un déjeûner de porcelaine de Sèvres, et
par degré, selon le proverbe, ce qui
avait été acquis par la flûte décampa
avec le tambour.

L'ex-franciscain se réveilla de sa folie
quand il n'était presque plus temps;
trompé par la belle, selon l'usage, il se
vit sacrifié à un jeune général d'une armée républicaine, très-riche en argent
comptant, grand et gros colosse, bien
autrement taillé que lui, et qui, en pa-
triotisme, en fortune et en force était
capable de lui damer le pion. Dans cette

circonstance, Habacuc, furieux contre sa perfide amante, ne put se donner la douce consolation de dénoncer son heureux rival; il dut s'éloigner sans mot dire, très-satisfait encore d'emporter ses deux oreilles, car le diable de général avait l'habitude de les couper à qui il n'aimait pas.

Habacuc, d'un regard avide, interrogea les alentours, afin de voir comment il devait s'y prendre pour reconquérir ce qu'il avait perdu. Il ne pouvait plus espérer d'être continué garde-sequestre; d'autres patriotes étaient là, tous empressés comme lui de faire leurs orges, et chacun disait : « Allons, c'est à mon tour, que nos anciens nous cèdent la place. » Il fallait donc chercher une autre industrie; celle de négociateur au perron du *Palais - Égalité* présenta quelques chances heureuses à notre homme. Il endosse la veste bordée d'agneau d'Astraçan, remplace le bonnet de liberté par un bonnet en poil de renard; et, muni d'un portefeuille, il négocie, il escompte les assignats, les mandats, les bons du trésor, les monnaies d'or ou d'argent. Ce commerce ne le détournait pas d'aller chaque soir au club de la section, où il pérorait en énergumène, et prêchait la liberté en provoquant les plus injustes arrestations. Déjà sa bourse commençait à se remplir de nouveau; il méditait, pour achever de la gonfler plus vite, une fuite en manière de banqueroute, quand un beau jour, comme il allait entrer à la société populaire des jacobins, il se trouva face à face avec Collot-d'Her-bois, et à l'aspect de cet enragé il crut voir le diable en personne.

On n'a pas oublié que, parmi les diverses professions tour à tour adoptées par Habacuc, celle de comédien comptait en nombre. Dans le temps qu'il jouait

les valets tant bien que mal, il s'était
montré le camarade de Collot-d'Herbois,
alors histrion de province. Ces deux personnages avaient la même amie, et ne le
savaient pas. Un rendez-vous mal compris les mit en présence; Habacuc eut
peur d'abord, il se préparait à fuir, lorsqu'un coup d'œil jeté sur son adversaire
le lui montra plus pâle et plus tremblant
que lui; le courage aussitôt revint au
cœur d'Habacuc, qui, prenant un bâton,
rossa son très-cher camarade; celui-ci
n'esquiva une plus longue volée qu'en se
sauvant à toutes jambes. Mais il garda
rancune d'un pareil traitement, on le
croira sans peine, et à deux jours de là
il fit siffler Habacuc.

Ce châtiment paraissait trop doux encore au très-rancuneux Collot-d'Herbois;
mais les événemens l'ayant séparé de son
ennemi, il l'avait presque oublié, lorsque la Providence les remit en présence

à la porte du club des jacobins. Une ex-
clamation arrachée par la haine au fé-
roce conventionnel, un regard sinistre
qu'il jeta sur Habacuc, apprirent à celui-ci que son républicanisme présent ne
le sauverait pas de sa conduite passée; il
ne vit son salut que dans une prompte
fuite, et, sans s'amuser à se justifier ou à
demander un pardon qu'il n'eût pas obtenu, il tourna les talons, prit un passe-
port sous un nom supposé, et s'enfonça
dans les provinces.

Il fallait éviter d'être reconnu à son
signalement, qui pouvait être donné; alors
il se prépare à jouer le rôle d'une des
nombreuses victimes de la tyrannie. Il se
rend dans un village, au pied du mont
Jura, et se prétend un personnage important dont la tête est mise à prix. Dans
une autre ville, il se fait passer pour un
saint religieux, qui, ayant refusé de prêter le serment civique, n'a plus qu'à op-

ter entre l'exil et la mort. De bonnes âmes le cachent dans une retraite isolée, on le choie, on le nourrit, on le console, et il attend de meilleurs jours; ils luisirent enfin. La chute de Robespierre amena le terme du régime de la terreur, Collot-d'Herbois avait péri dans la lutte, Habacuc put hardiment se montrer. Il était temps qu'il quittât son asile, car il venait de corrompre la fille de la dame pieuse qui le recélait. Il se hâta de s'éloigner, sans songer que l'infortunée jeune personne portait dans son sein le fruit d'un coupable amour.

Habacuc, au-dessus des faiblesses humaines, ne fut pas arrêté par cette considération; il quitta Limoges, et passa dans le nord, afin de n'être point poursuivi par la famille de sa victime.

Il fit encore divers métiers. Médecin d'abord à Bruxelles, il fut chassé de cette ville comme empoisonneur public, car il indiquait au hasard à ses malades des remèdes dont il ne connaissait pas l'efficacité. Avocat à Rouen, il dut aussi abandonner cette profession, parce qu'il avait contracté l'habitude de communiquer aux adverses parties de ses cliens les pièces secrètes des procès qui lui étaient confiées. Désolé de voir avec quel acharnement le mérite était persécuté, il s'accommoda d'une charge de notaire de campagne, et Dieu sait comme il instrumenta.

Il était en activité dans cette dernière fonction, lorsqu'un matin il voit entrer chez lui un grand et beau jeune homme, haut de cinq pieds onze pouces, l'œil étincelant, la lèvre supérieure ombragée d'une épaisse moustache noire, habillé en hussard, et porteur d'un énorme sabre. « Est-ce à monsieur Habacuc que j'ai l'honneur de parler ? » dit d'une voix de tonnerre le militaire. « Oui, monsieur, que puis-je faire pour vous obliger ? »

— « Rédiger, sur l'heure, un contrat de mariage, dans lequel le futur époux avantage, autant que faire se peut, la femme qu'il va prendre, et dans lequel il doit reconnaître un fils qui est né avant l'hymen. »

— « Monsieur, tout cela va être fait dans la minute. »

— « Écrivez donc ! »

— « M'y voilà. »

Habacuc se met à son bureau, et griffonne tandis que le hussard se promène de long en large, en tirant par deux fois son sabre du fourreau, et regardant s'il a bien le fil. La besogne du garde-note étant achevée, il demande les noms des parties contractantes, qui sont restés en blanc.

— « Les noms ! répliqua l'officier. Mettez celui de mademoiselle Anatolie Fortbrun et du sieur Isaac-Moïse Habacuc. »

— « Ah ! ah ! » s'écrie ce dernier, écrasé par ce qu'il vient d'entendre, et laissant échapper la plume de ses mains.

— « Vous ne m'attendiez pas, scélérat ! répond le jeune homme, vous espériez avoir impunément déshonoré ma sœur, et que son frère aurait perdu la vie au service de la république. Me voici, je n'ai que deux mots à vous dire : le mariage ou la mort ; je ne vous quitte plus ; je deviens votre ombre jusques au moment où vous m'aurez tué, ou que votre affaire sera faite. Si je succombe, deux de mes cousins germains me succéderont ; si je vous jette sur le carreau, eh bien, j'attendrai les braves de votre famille. »

Habacuc n'avait aucune envie de laisser à ses parens le soin de sa vengeance ; il tenait à ses jours, ne se souciant pas de hâter le moment où il irait rendre son âme au diable. Il ne répliqua donc pas au noble militaire, et reprenant sa plume, il inscrivit les noms qu'on lui avait dictés. La jeune femme suivait son frère; ils venaient avec des papiers en règle; déjà à l'avance les publications avaient été faites au domicile de mademoiselle Fortbrun, de sorte que le mariage se fit presque sans retard. L'officier ne se remit en route qu'après avoir enjoint à son cher beau-frère de se bien conduire avec sa femme, sinon qu'il lui donnerait encore de ses nouvelles. Habacuc promit tout ce qu'on voulut, et la frayeur lui fit tenir sa parole.

Un service très-important, que dans la suite il rendit à un personnage illustre, lui procura la protection de ce dernier. On n'a jamais bien su la cause de ce patronage. Des méchans parlaient d'un testament reçu par Habacuc, et qui ne se trouva pas après la mort du testateur, circonstance très-avantageuse à l'homme en place; on tint là-dessus quelques propos, mais comme rien ne fut prouvé, on cessa de médire. Le notaire devint, à l'époque du consulat, juge dans un tribunal de première instance; il ne fit qu'y passer, ayant au bout de quelques mois été nommé secrétaire général de la préfecture régie par Girmel. Charmés l'un et l'autre de se retrouver, car ils se connaissaient à merveille, ils se lièrent d'une nouvelle et parfaite amitié.

Habacuc se déclara le profond admirateur du *grand homme* (ainsi toujours il désignait Napoléon), et par ses paroles comme dans ses écrits il recula les limites de la flatterie. En même temps il travaillait à grossir sa fortune; tout lui était bon, conscriptions, réquisitions, adjudications, il prenait de toutes mains, puisait dans toutes les poches, et applaudit au retour du roi, qui, lui conservant sa place, jetait un voile sur le passé. Destitué dans les cent jours par un

magistrat indigné des concussions de ce
fonctionnaire, il devint par conséquent
l'intéressante victime du pouvoir impérial. Rétabli ensuite, au milieu de la confusion générale, qui ne laissait pas la
possibilité de bien choisir, il se montra
le plus furieux des hommes; il souffla la
discorde, il envenima les haines; et, de-
bout sur les ruines, il cherchait de toute
part le gain qu'il y avait à faire, le ci-
toyen paisible qu'il devait tourmenter à
son profit; et le gouvernement trompé,
avec les intentions les plus droites, ne
connaissait pas M. Habacuc.

CHAPITRE XXVI.

LE TRAITÉ DE LA SAGESSE DE CHARRON.

> Qui ne court après la fortune?
> . . . .
> . . . .
> Ne cherchez point cette déesse,
> Elle vous cherchera.
>
> LA FONTAINE, *Fables.*

Le succès obtenu par suite de la querelle entre les étudians et Monsieur le Préfet l'affrianda, ainsi que son digne collaborateur. Les félicitations qu'ils reçurent de leur conduite durant cette émeute (c'est le nom qu'ils osèrent donner à un

tapage de parterre si audacieusement pro-
voqué par eux) les engagèrent à pousser
plus loin leurs entreprises et à intriguer
de nouveau ; mais, pour frapper d'autres
coups, il fallait laisser respirer le public,
et attendre pour mieux combiner ceux
dont les résultats leur avaient été si avantageux : il ne s'agissait au reste que d'une
petite conspiration bien en règle, qui
achèverait de les illustrer, en les rendant encore plus nécessaires. On verra
plus tard les ressorts qu'ils firent jouer
en cette intention, et le fruit qu'ils en
recueillirent. Laissons-les un instant se
reposer sur leurs lauriers, et suivons le
colonel de Valtaire dans le voyage qu'il
avait entrepris.

Ses adieux furent pénibles avec Aline
qu'il ne quittait qu'à regret ; il n'eut pas
besoin de feindre auprès d'elle une amère
tristesse, tandis qu'il employa les res-
sources de son talent, lorsqu'il dut pren-

dre congé de Célénie. Celle-ci qui voulait le tromper le fut elle-même : elle ne
devina pas la ruse d'Ernest, demeurant
persuadée qu'elle l'emportait sur sa rivale ; surtout lorsqu'il se fut engagé,
comme nous l'avons dit, à entretenir
avec elle une correspondance suivie, tant
que durerait son absence.

Ernest ne tarda pas à sentir le poids
de cette promesse téméraire, lorsqu'il
cessa d'être sous le charme momentané
d'une passion étrangère à son cœur. Les
attraits de Célénie s'effaçaient insensible-
ment de sa mémoire, lorsque, par un
effet contraire, les vertus d'Aline s'em-
paraient de son âme, bien digne de les
apprécier. Plus il rêvait à sa conduite
passée, plus sa faiblesse le tourmentait;
il s'avouait coupable, non d'inconstance,
mais d'infidélité; il prenait alors la ferme
résolution de changer de conduite à l'a-
venir, jurant que, tout à Aline, il l'a-

dorerait en silence, sans jamais vouloir prétendre à sa main, afin de concilier ce qu'il croyait devoir à son amour comme à sa délicate fierté. Cependant un serment l'engageait à donner de ses nouvelles à mademoiselle de Girmel, et il ne savait point comment un homme d'honneur peut manquer à sa parole.

Je lui écrirai, dit-il en lui-même; mais mon langage ne tardera pas à lui faire connaître mes véritables sentimens. Des expressions galantes ne rendent point les émotions de l'amour; une femme ne s'y peut tromper, pourvu qu'elle soit réellement sensible.

Ce fut en prenant cette sage résolution qu'il arriva à Paris, où ses affaires exigeaient qu'il séjournât plusieurs jours. Deux ans s'étaient écoulés depuis son dernier départ de cette ville; il y avait des amis; il aimait les beaux-arts, il trouva doublement à se satisfaire. Ceux qu'il fréquentait appréciaient ses qualités ; car on ne pouvait que le chérir lorsqu'on avait pu le connaître. Parmi ceux qu'il s'empressa de voir, nous signalerons un M. de Nerval, amateur de livres, bibliographe profond, qui croyait devoir beaucoup de reconnaissance à Valtaire, parce que celui-ci lui avait, dans le temps, cédé à prix coûtant (douze sous) le *Traité de la Sagesse*, de Charron, Elzévir, édition sans date, sans date, entendez-vous bien ? car cette erreur typographique augmentait singulièrement le mérite du volume : un littérateur ne se fût pas occupé de cette faute ; mais un bibliographe en connaissait toute la valeur. Depuis l'époque de cette mémorable concession, M. de Nerval avait voué à Ernest une amitié particulière. Les preuves éclatantes que plus tard il lui en donna nous obligent à raconter au lecteur l'aventure qui rapprocha le Colonel de l'amateur de livres.

Valtaire venait d'être mis à la demi-solde par sa propre faute : il n'avait voulu se faire recommander que par ses états de service. Son erreur fut grande : on le lui prouva. Évincé par un officier, moins brave sans doute, mais qui comptait l'intrigue pour plus que le mérite, Ernest se trouva dans Paris libre de ses actions, sous la tutelle officieuse de la police, et fort ennuyé de sa complète inactivité; il errait au hasard sur les quais magnifiques de la Seine, lorsque la rêverie à laquelle il s'abandonnait fut suspendue par les cris d'un enfant, répétant sans intervalles : « A douze sous les livres que voilà! à douze sous tous les livres! » Ernest s'avança près des corbeilles qui enfermaient les élucubrations de tant de personnages ; les uns complétement oubliés, quoique les journaux de leur temps leur eussent promis peut-être une immortelle renommée; les autres lus encore, car leur génie les a soutenus. Notre héros cherchait çà et là; plusieurs volumes étaient déjà retombés par leur propre poids dans le magasin portatif, lorsque le nom de Charron frappa les regards de Valtaire. Celui-ci, dans ce moment, était sur le point de faire éclater sa mauvaise humeur contre l'injustice des hommes, et néanmoins, par esprit de prudence, il crut ne pouvoir mieux faire que d'acquérir à si grand marché la sagesse, dont il sentait avoir tant de besoin. Il prend le volume, le paie, s'éloigne; lorsqu'à cinq ou six pas du jeune marchand il est atteint par un petit homme vêtu d'un habit gris-blanc, d'une veste bleue-clair, d'une culotte de soie noire et de bas de coton couleur café au lait tendre.

« Monsieur ! monsieur l'officier ! dit le personnage, du ton d'un pauvre honteux qui n'ose exposer sa misère, je voudrais vous prier de me rendre un bien éminent service. »

Valtaire le regardant à ces mots, et croyant connaître le genre de service qu'il attendait de lui, voulant d'ailleurs, en le prévenant, lui épargner le chagrin d'achever d'expliquer sa détresse, porta, par un mouvement rapide, la main vers sa bourse, lorsque le petit homme, qui, au geste, devina sa généreuse intention, posa son bras sur le sien, et, d'un ton riant, mais plein de bonhomie, « grand merci ! lui dit-il, je n'ai besoin de rien, si ce n'est pourtant du *Traité de la Sagesse* de Charron, que vous venez d'acquérir ; mettez-y un prix, et je vous le donnerai ; ne refusez pas, je vous conjure, un vieil amateur, qui, depuis dix ans, suivait cette édition à la piste, et qui vient de se la voir enlever sous ses yeux. »

— « Dès que mon acquisition peut

vous plaire, répliqua Ernest, tout joyeux de trouver un moyen de réparer sur-le-champ ce que sa première méprise pouvait avoir de désagréable, la voilà, monsieur; c'est de grand cœur que je vous la cède; elle m'a coûté douze sous : c'était acquérir la sagesse à bon marché; rarement nos soldats paient-ils plus cher leurs regrets. »

Cette plaisanterie dérida le front de l'amateur; mais plus encore fut-il joyeux d'obtenir le précieux tome.

« Monsieur l'officier, reprit-il, obéissant peut-être à un secret sentiment de vanité, je ne veux pas conclure avec vous une aussi excellente affaire; le volume vaut trente-six francs, et, pour l'avoir, j'en aurais donné bien davantage. »

— « Votre bourse ne se videra pas dans la mienne, dit Ernest, en poussant à son tour la main qui venait à lui; soixante centimes sont tout ce que je vous demande; mais je crois franchement que le pauvre enfant (poursuivit-il en montrant le jeune bouquiniste) mérite une indemnité pour le trésor que nous lui enlevons; je la lui donne en partie. »

Et se rapprochant du vendeur, il laissa tomber sur une corbeille une pièce de cinq francs. L'amateur étonné imita son exemple, et voyant Ernest s'éloigner tout aussitôt : « Monsieur l'officier, excusez encore, dit-il; la nouvelle demande que j'ai à vous faire. Je n'achète jamais un livre sans écrire le jour, le lieu où je l'ai trouvé, et le nom de celui de qui je le tiens. J'oserai vous prier de me dire le vôtre. »

— « Le colonel de Valtaire, monsieur. »

Un salut réciproque fut échangé, et les deux parties contractantes se séparèrent. Ernest n'était pas au Pont-Royal, que déjà le marchand, le *Traité de la sagesse*, le vieil amateur même, étaient sortis de sa mémoire. Il ne fut donc pas médio-crement surpris lorsque, cinq jours après, le portier de l'hôtel où il logeait lui remit, à l'heure où il rentrait pour s'habiller, un chiffon de papier sur lequel on avait griffonné les mots suivans, tracés avec la plume commune de la loge :

Monsieur de Nerval est passé pour remercier le colonel Ernest de Valtaire de l'obligeance que celui-ci montra à son égard vendredi dernier sur le quai du Louvre.

Ernest eut quelque peine à se ressouvenir de ce qui s'était passé entre lui et l'amateur, et encore alors demeura-t-il surpris de ce que ce dernier avait pu parvenir à savoir sa demeure. Celle de l'auteur du billet était désignée au bas de la page : *rue Saint-Louis au Marais, n°....*

Voilà, dit le colonel, un homme qui veut se faire rendre sa visite. Il me juge digne peut-être d'admirer les trésors bi-

bliographiques qu'il a rassemblés. Allons!
j'irai voir ce bon vieillard, mangeant sans
doute son mince revenu en achats de livres rares, qu'il lit moins souvent qu'il
ne les contemple.

Le lundi suivant il se dirigea le long
des boulevards, vers la rue Saint-Louis,
et, arrivé au numéro indiqué, il demanda
M. de Nerval, bien persuadé que çe devait être un pauvre diable entiché de la
manie, et par suite de cette idée il éprouva d'abord quelqu'étonnement à l'aspect
du magnifique hôtel où il avait pris son
gîte. La rage des conjectures, dont est
atteinte l'espèce humaine, en fournit sur-
le-champ une à Ernest qui lui parut
plausible.

« Mon amateur, dit-il, doit occuper
dans cette maison quelque vaste grenier
commode pour déployer l'étendue de ses
richesses littéraires. »

Il avançait, en parlant ainsi, vers une

porte du rez-de-chaussée que le Con—
cierge lui avait indiquée, avec la laconi-
cité ordinaire à cette classe de gens, lorsqu'on ne vient pas à eux dans une brillante voiture. Ernest parvint dans un ves-
tibule soutenu par un double rang de
colonnes, et là, avec une sorte d'hésita-
tion, il renouvela sa demande à deux
grands laquais superbement vêtus qu'il
rencontra.

« Venez, monsieur, lui dit l'un d'eux,
je vais vous conduire. »

On le mena sur-le-champ à travers une
longue file de salles décorées de meubles
précieux, de tableaux des grands maîtres,
terminée par une bibliothéque en forme
de galerie, brillante de la richesse de ses
ornemens et de la somptueuse parure des
livres qui la composaient. Plus loin, dans
le fond, s'ouvrait un cabinet digne des
pièces qui le précédaient ; et là se trouvait
M. de Nerval, qui, entendant annoncer

le colonel de Valtaire, se leva, et vint à lui avec empressement, lui faisant un accueil qui prouva à ce dernier combien sa visite était agréable. Ernest dut écouter avec patience les expressions de la reconnaissance du vieil amateur, avouant avec bonne foi que si on lui eût demandé le pareil service, il n'eût jamais pu se décider à le rendre. A la suite de ces premiers propos, M. de Nerval fit un peu longuement l'histoire de l'édition tant appréciée, et puis, continuant, il voulut entamer celle de toutes les rencontres qui lui avaient procuré des ouvrages curieux, lorsque notre jeune militaire, cherchant à détourner ce flux d'érudition, parut désireux d'apprendre par quel moyen son adresse avait pu être connue.

« Plus facilement que vous ne pouvez le croire, repartit M. de Nerval; le colonel de Valtaire devait être inscrit sur les registres de l'état major de la place; je me suis rendu chez cet officier, qui, sur-le-champ, m'a donné votre demeure. J'aurais pu obtenir même votre signalement, tant on garde avec soin dans ce lieu ceux des militaires à la demi-solde. »

En ce moment entra un maître d'hôtel, annonçant que M. de Nerval était servi. Ernest, à cet avertissement, se leva pour se retirer.

« Où donc allez-vous? dit l'amateur. Il est deux heures; c'est au Marais l'instant de se mettre à table; venez vous asseoir à la mienne; jamais convive ne m'aura fait tant de plaisir. »

Le colonel voulut refuser cette invitation; les instances pressantes du maître de la maison l'emportèrent. Il céda pour venir faire ce que celui-ci appelait le second déjeûner du colonel. Quelques amis de M. de Nerval entrèrent en même temps dans la salle à manger; ils parurent prévenans auprès d'Ernest, attendu que leur patron se montrait content de lui. Le repas fut long; on y parla peu des événemens politiques, mais beaucoup de ceux qui changèrent la face de l'empire romain. Si Ernest ne s'amusa guère, du moins il put profiter pour son instruction; et quand il se retira, ce ne fut pas sans avoir fait la promesse solennelle de revenir quelquefois.

La conversation de M. Nerval était intéressante, lorsqu'il voulait l'étendre au delà du cercle de ses propos. Il avait beaucoup voyagé; sa mémoire était un trésor de curieuses anecdotes qu'il aimait à prodiguer dans une société intime, où Ernest était toujours admis quand il se présentait. Plus il voyait l'amateur, plus ce dernier s'attachait à lui. Ce fut avec un vif regret que le bibliomane recut la nouvelle de son départ, lorsqu'il se fut décidé à revenir d'abord au manoir paternel, comme nous l'avons raconté dans le premier volume de cet ouvrage.

« Monsieur, lui dit-il la dernière fois qu'il le vit, je vous engage à m'écrire de temps en temps pour m'informer de ce qui vous arrivera d'heureux ou de pénible, et puis dans le cas où vous rencontreriez en province, dans quelque coin ignoré, les éditions rares, dont voici la liste, vous les achèterez pour mon compte, n'importe à quel prix. De mon côté, colonel, je n'oublierai jamais les circonstances de notre première rencontre, quand je vous étais inconnu. Comme également je ne perdrai point le souvenir de votre noble indépendance, lorsque vous avez su qui j'étais. Vous êtes le seul qui, instruit de ma fortune, de mon âge, et que je suis sans parens avec plus de deux cent mille francs de rente, avez manifesté en ma présence une opinion qui n'est pas la mienne, et combattu en

5.

outre avec autant d'égard que d'opiniâ-
treté les propositions que je pouvais avan-
cer, et que vous ne vouliez pas admettre.
La chose m'a paru nouvelle; cependant
elle ne m'a pas déplu. »

Ernest, pareillement avec regret, s'é-
loigna de cet aimable vieillard; il lui
tint exactement la parole qu'il lui avait
donnée de s'occuper aux recherches pré-
cieuses pour lui. De loin en loin il lui
écrivit quelques lettres auxquelles M. de
Nerval répondait avec exactitude. Il lui
envoya quelques trésors bibliographiques
qui furent reçus avec transport. Chaque
fois qu'Ernest revenait à Paris, il allait
voir l'amateur, et plusieurs années s'é-
coulèrent depuis que cette liaison avait si
bizarrement commencé. A l'époque de
son dernier voyage, lorsqu'il était parti
du chef-lieu pour les affaires de commerce de la maison Lubert, Valtaire ne
put, dès son entrée à Paris, se rendre de

suite chez M. de Nerval; mais il y fut dès qu'il eut terminé avec les négocians qui l'attendaient. Il trouva son respectable ami très-affaissé sous le poids de l'âge. Une toux violente, qui ne lui permettait point de parler, ne put l'empêcher cependant de demander au colonel si l'édition originale de Bocace était enfin tombée dans ses mains. Ce dernier aurait voulu lui procurer cette satisfaction, mais la chose n'était pas ; et très-peiné de le voir souffrant, il le quitta, se promettant de revenir le lendemain.

Ce jour-là, et à l'heure où Ernest se disposait à sortir, il fut rejoint par quatre de ses anciens camarades d'armes qui, sans vouloir accepter ses excuses, le conduisirent chez un restaurateur du Palais-Royal : ils avaient, en ce lieu, fait préparer un repas tel que jamais ils n'en firent sur le bivouac. Bientôt le plaisir de se retrouver ensemble leur fit tout oublier, excepté le souvenir de la gloire de nos armes. On but à la santé de la France, aux triomphes passés, à la tranquillité présente, aux espérances de l'avenir. On rappela plus tard l'histoire scandaleuse des villes de garnison; on signala telle femme comme la plus perfide de son sexe; et l'un des convives s'écriait, en montrant le portrait de sa vingtième maîtresse : « Que je serais heureux de rencontrer une amante fidèle ! »

Au milieu des confidences indiscrètes qui amenèrent une folle gaieté, un des cinq convives remarqua que le colonel Ernest gardait seul un profond silence.

— « Eh ! quoi, lui dit-on en chœur, n'aimez-vous pas, ou n'aimeriez-vous plus ? »

— « Bon ! poursuivit celui qui, si souvent volage, soupirait après une constante amie. Le colonel ne veut pas avouer son secret : il a promis discrétion entière, et craint de forfaire à l'honneur en manquant à la foi du serment. »

—. « Je sais, dit le major Albert, combien on doit mettre de réserve dans les sentimens d'un amour véritable; mais on peut avouer sans scrupule ces ardeurs qui naissent et meurent dans la même semaine, celle par exemple que pourrait inspirer la séduisante Célénie de Girmel.

— « Qu'entendez-vous par-là? lui dit Ernest avec gravité. »

— « Oh! presque rien, mon colonel; ce n'est pas à vous que je m'adresse, mais à Charles, qui soupira pour elle quand il était simple capitaine, et qui fut délaissé à la vue d'un chef de bataillon; car la belle aimait de monter en grade. Vous devez la connaître, cette ambitieuse beauté; son père a été depuis ce temps nommé préfet de votre département : c'est pourquoi j'ai voulu, tant je vous suis attaché, vous prévenir à l'avance que si elle vous donne sa foi, vous en serez possesseur jusqu'à ce qu'un général de brigade se présente. »

— « Il est certain, dit Merville, que jamais mademoiselle de Girmel n'a été quittée de ses amans, car elle a toujours changé la première. Moi, qui vous parle, je l'emportai près d'elle sur un A.... du grand S..... »

— Quoi, s'écria-t-on de toutes parts, elle va chercher ses plaisirs dans le sanctuaire? La voilà digne des élégantes du temps passé! Allons, messieurs, trinquons à cette femme curieuse de tout savoir! tope! à vous, colonel Ernest! »

Tandis que les amis de celui-ci causaient avec tant de légèreté sur le compte de Célénie, il sentait plus vivement le remords s'élever dans son cœur, et rougissait à la pensée d'avoir pu laisser soupçonner à la vertueuse Aline qu'il balançait entre elle et son indigne rivale; avide cependant d'en savoir davantage, il questionna le colonel Merville, et, pour le faire parler, il feignit de le plaisanter sur l'abandon que Célénie avait fait de sa tendresse.

« Bon! dit ce dernier, faut-il croire tout ce que le major débite? Par exemple, vous venez de lui entendre dire que j'avais été trahi par la fille du Préfet; eh bien! afin de vous faire juger si ledit seigneur mérite votre confiance, voici une lettre, fraîchement écrite par cette fidèle beauté, qui la vengera des sarcasmes lancés contre elle, et que la poste vient de m'apporter à l'instant. »

En prononçant ces mots, il jeta sur la table une lettre dont Ernest reconnut sur-le-champ l'écriture. Comme aucun des autres convives ne prenait un vif intérêt à la justification de la fille du Préfet, on se contenta de rire de ce qu'on appelait la confusion du major. La lettre fut rendue à celui à qui elle était adressée, et la conversation tournée sur une autre matière.

Ernest n'avait plus rien à savoir; il ne quitta ses amis qu'après les avoir suivis au spectacle. L'heure ne lui permettant plus d'aller faire une visite au Marais, il remit au lendemain le soin de savoir des nouvelles de son vieil ami.

Le jour suivant, à huit heures du matin, Valtaire vit entrer dans sa chambre un domestique, qu'il reconnut appartenir à M. de Nerval; il s'empressa de lui demander en quel état se trouvait son maître.

« Hélas! dit le valet, le brave et cher homme est maintenant en paix dans le repos d'un meilleur monde.»

— « Il est mort! » s'écria Ernest.

— « Oui monsieur, hier à l'entrée de la nuit, et je viens de sa part vous engager à venir ouïr la lecture de son testament, comme à lui faire aussi l'honneur d'assister à sa pompe funèbre. » (*Historique*)

— « De la part de M. de Nerval, dis-tu? Ah! mon pauvre garçon! tu as perdu la tête.

— « Je vous demande pardon, monsieur; il est sûr que je suis hors de moi; c'est au nom de l'intendant du cher défunt que je vous invite à venir dans l'hôtel, à onze heures précises. »

Ernest éprouva une vive douleur en apprenant la fin inattendue de cet excellent vieillard; il se promit de ne pas négliger de lui rendre les derniers devoirs, et, au moment précité, il arriva au rendez-vous. Déjà plusieurs personnages l'avaient devancé; on paraissait attendre sa venue avec impatience; car, dès qu'il se fut présenté, un notaire présent ouvrit l'acte des dernières volontés du riche défunt.

Combien fut grande la surprise d'Ernest, lorsque, après avoir entendu proclamer plusieurs legs dont la valeur s'élevait aux deux tiers environ de la fortune de M. de Nerval, il ouït un dernier article qui lui apprit que tout le reste lui était donné, avec la restriction néanmoins qu'il conserverait la bibliothéque avec l'hôtel qui la contenait, sans pouvoir vendre ni l'un ni l'autre! Ce fut alors que, rempli de reconnaissance pour son bienfaiteur, le colonel s'abandonna intérieurement à une douleur réfléchie; elle remplit son cœur, le rendant presque insensible à son changement de position. Mais bientôt l'image d'Aline vint au secours de sa noble sensibilité. Il fut alors heureux de sa tendresse, car il crut pouvoir désormais la faire éclater sans que sa délicatesse fût accusée. Il n'eut pas de peine à tenir l'engagement que M. de Nerval exigeait de lui; la bibliothéque demeura intacte.

il en retira un seul volume, le *Traité de la Sagesse* de Charron, qu'il enchâssa dans un riche étui, sur lequel il fit graver ces mots : *Souvenir éternel de regrets et de reconnaissance!!*

Ses premiers soins, après avoir satisfait à son devoir dans cette triste circonstance, furent, en rentrant dans sa nouvelle demeure, d'annoncer sur-le-champ à M. Lubert la faveur signalée de la Providence à son égard.

« Ne pensez pas, lui disait-il dans sa lettre, que, devenu plus riche, je consente à me ranger volontairement parmi ces inutiles qui chargent la terre du fardeau de leur poids. Le besoin me fit négociant; je resterai dans cette noble classe, maintenant surtout que je pourrai me livrer à de plus hautes spéculations, avantageuses à ma fortune et à l'intérêt de mon pays. Ne cherchez donc pas un autre associé; je demeure le vôtre. Je vous suis trop attaché pour ne pas vouloir me rapprocher de vous par tous les liens qui pourraient nous unir.

En traçant cette dernière ligne, le cœur d'Ernest avait conduit sa main. Lubert pouvait n'y voir qu'une prévenance affectueuse, tandis qu'Aline, accoutumée à lire la correspondance de la maison, en saisirait le sens caché, et peut-être connaîtrait-elle, en le devinant, qu'à elle seule s'adressaient les soupirs qu'Ernest n'avait pu toujours contenir. Les affaires inséparables d'une succession considérable retinrent à Paris le colonel de Valtaire, trois semaines au delà du terme qu'il avait fixé pour achever son voyage; mais impatient de revenir au chef-lieu, il abrégea les formalités, négligea ce qui avait peu d'importance, et se jeta enfin dans sa chaise de poste, très-déterminé à n'en descendre que devant la porte de M. Lubert.

CHAPITRE XXVII.

LES AUTORITÉS EN QUERELLE.

Tout prince a des ambassadeurs,
Tout marquis veut avoir des pages.

La Fontaine, *la Grenouille et le Bœuf.*

Tandis qu'Ernest gagnait à Paris un
héritage par ses aimables qualités, le
chef-lieu était agité de nouveau par de
vives querelles; elles éclataient dans l'hôtel de la préfecture, où Monsieur le Préfet ne recevait plus exclusivement les

hommages de ses administrés. La Discorde, lassée de n'exercer son empire que sur la plèbe des citoyens, lança ses brandons les plus envenimés droit au cœur des hautes puissances de l'*endroit* ; et soudain germèrent de toutes parts des semences d'orgueil mécontenté, et d'amours-propres soulevés contre des supériorités qui devenaient importunes.

Monsieur le Préfet, quelque peu aigri contre l'arrogance toujours croissante de *Monseigneur*, qui dans toutes les circonstances prenait le pas sur lui d'une manière désobligeante, voulut à son tour relever sa dignité, en disputant aux autres fonctionnaires, soit leur rang, soit leurs prérogatives, imaginant par-là les punir d'avoir ri de ses mésaventures vis-à-vis le fastueux prélat. On voit, par l'aveu que nous en faisons, combien le magistrat agissait avec chaleur, lorsque d'une ou d'autre manière on attaquait sa très-susceptible vanité. Voulant d'abord frapper un grand coup, il chercha querelle au Président des Assises, qui lui avait écrit avec politesse sur un point facile à régler entre eux, mais qui présentait l'occasion souhaitée par Girmel, taquin à l'excès, et tel que pouvait l'être un procureur syndic de la commune de Paris. Il refusa d'ordonner les dépenses réclamées par le président ; elles avaient rapport à cet homme nécessaire à la société, et que la société repousse avec horreur, à cet homme proclamé par le comte Lemaistre, comme la clef de la voûte de l'édifice social. Nous ne le désignerons pas autrement, son nom nous étant odieux à prononcer.

Le magistrat à hermine, surpris de ce premier refus, crut devoir insister ; nouvelle réponse négative du Préfet, qui, poussé cependant dans ses derniers retranchemens, ne craignit pas de dire dans une lettre, que, quoique certain du peu de droit qu'on avait à former une telle demande, il l'accorderait si la cour de justice voulait regarder les instrumens de supplice comme faisant partie de son mobilier.

A cette insolente insinuation, toute la magistrature frémit de fureur. Les Gens du roi à qui la lettre fut renvoyée, la déposèrent sur le bureau, et adressèrent au Garde-des-sceaux, d'intelligence avec le Président, une requête pour faire punir une pareille injure. Le Préfet, instruit de ce qui se passait, s'aperçut trop tard que l'orgueil est un méchant conseiller. Il chercha vainement à pallier le mauvais effet produit par sa lettre, des ordres supérieurs le contraignirent à réparer publiquement son offense envers la magistrature, démarche qui lui coûta beaucoup. (*Historique.*) Quelques jours après la fin de cette désagréable aventure, il dînait

chez le Général commandant le département avec le Président des Assises, qu'il
ne regardait qu'avec une sorte de courroux; ce dernier voulant paraître avoir
oublié le passé, lui offrit gracieusement
d'un plat qu'il avait à sa portée, en lui
disant :

« Monsieur le Préfet veut-il de ces
boulettes de volaille? »

— « Monsieur le président se trompe, »
répondit l'administrateur, charmé de
montrer ses connaissances gastronomi-
ques, « ce ne sont pas des boulettes,
mais bien des croquignolles. »

— « Tant mieux, répliqua le Président, va donc pour des croquignóles;
je serai enchanté de vous en donner. »
(*Historique.*)

Les égards dus à Girmel ne purent
retenir qu'à moitié le rire fou qui s'empara des convives à ce jeu de mot, si bien
appliqué à la circonstance, et qui pro-

mettait tant de concorde pour l'avenir.
Monsieur le Préfet, pâle de colère, hésita un instant à choisir le parti qu'il devait prendre, mais les souvenirs diploma-
tiques venant à son secours, il comprit
qu'il ne devait pas ajouter par son aigreur, au succès de cette heureuse malice. Il tendit son assiette sans rien dire,
accepta les croquignoles offertes de si
bon cœur, et dévora son affront sans
pouvoir en tirer vengeance.

Ce mauvais succès aurait dû le corri-
ger de sa manie attaquante; mais les
hommes sont comme les enfans, qui, non
instruits par l'expérience, courent avec
la même ardeur au-devant de ce qu'ils
avaient appris à redouter.

Les circonstances amenèrent dans le
chef-lieu, le Lieutenant général de la division, cerveau brûlé dans toute la force
du terme, qui, accoutumé au despotisme
du commandement militaire, ne pouvait

concevoir la moindre résistance à ses volontés. Monsieur le Préfet, toujours conduit par sa malencontreuse vanité, oublia
de lui faire, dans les vingt-quatre heures
de son arrivée, la visite exigée par les
ordonnances. Dès que le temps limité fut
expiré, le général passa chez le Préfet,
comme il devait le faire à son tour; celui-
ci surpris de le voir, feignant de ne plus
se ressouvenir de sa conduite, parut se
confondre en excuses sur ce qu'il s'était
ainsi laissé prévenir.

« Moi! vous prévenir! répliqua le fier
militaire, je connais trop votre devoir
pour agir ainsi. J'avais présumé que vous
l'aviez rempli, et par suite, je me con-
formais au mien. » (*Historique.*)

Une telle déclaration n'était guère propre à rapprocher les deux personnages;
elle amena entre eux une rupture ou-
verte. Le baron de Girmel, cherchant ce
qui pourrait déplaire au Général, apprit

qu'il exigeait du directeur du spectacle ,
une loge d'honneur distincte de celle de
l'état major de la place. Cette nouvelle
le charma ; il fit agir des agens en sous-
ordre, qui arrangèrent les choses de
telle sorte, que le Général ne put obtenir
ce qu'il désirait. Malgré le mystère dans
lequel on avait espéré envelopper cette
intrigue, elle fut découverte au chef militaire ; il sut en outre que l'administrateur
oubliait de payer, chaque année, la loge
pompeuse dans laquelle il se pavanait, sous
le prétexte qu'elle appartenait au gouvernement. Le Général, disons-nous, sachant
que lui-même, ayant le premier rang, devait occuper la première place, se fonda
sur ce droit pour enlever à Monsieur le
Préfet, ce que ce dernier regardait comme
son entière propriété.

Il attendit l'époque d'une représentation solennelle, afin de donner plus d'é-
clat à la vengeance qu'il préparait ; et ce

soir-là , cinq minutes avant que le spectacle commençât, il envoya quatre soldats et un sergent s'emparer de la porte
de la loge préfectorale , dans laquelle il
prétendait lui-même s'établir désormais.
Cette résolution, cachée au public, et
principalement à la police civile, ne fut
pas connue à la préfecture, où l'on était
certainement loin de la soupçonner. A
l'heure accoutumée, monsieur et madame
de Girmel, curieux de voir jouer une
pièce nouvelle, qui attirait la foule à Paris, partirent pour venir à la comédie
sans se douter de ce qui les y attendait.

Le magistrat voyant du fond du cor-
ridor les soldats postés devant la loge,
crut d'abord que c'était une galanterie
de l'officier de garde, qui lui paraissait
très-aimable. Mais, lorsqu'à son approche
la sentinelle lui eut dit : *On n'entre pas!*
il recula tout surpris d'une semblable
défense.

« Comment, mon cher, on n'entre pas ! Savez-vous qui je suis ? »

— « Non, Monsieur. »

— « Eh ! bien, apprenez que Monsieur le Préfet vous parle, et que cette loge est à lui. »

— « N'importe ! j'ai ma consigne. Vous n'entrerez pas. »

A cette brusque réplique, le baron de Girmel, imaginant que cet ordre donné était une méprise, demande l'officier qui faisait ce soir-là le service de la salle. On l'appelle ; il vient, et reçoit de Monsieur le Préfet l'invitation de lui faire laisser le passage libre pour pénétrer dans sa loge.

Le jeune militaire, employant les expressions les plus polies, réplique néanmoins, qu'on demandait ce qu'il lui était impossible d'accorder. L'ordre dont l'exécution lui était confiée, venait de la propre bouche du Lieutenant général commandant la division. Il ajouta, avec grâce, que tout ce qu'il pouvait faire pour que madame la baronne ne fût point privée de voir le drame nouveau, était de lui offrir la première place dans la loge de la garnison.

Cette offre, faîte avec tous les dehors d'une extrême obligeance, aurait pu passer néanmoins pour une mauvaise plaisanterie, inspirée sans doute par le général; ce fut ainsi du moins que le couple préfectoral l'entendit; car il la refusa avec une apparence d'aigreur assez pardonnable, et prit le parti de se retirer sur-le-champ.

Cette querelle extraordinaire ne pouvait s'être élevée, sans attirer autour du lieu où elle se passait, un nombre assez considérable de curieux, rians tous *in petto*, avec une extrême hilarité, de la mésaventure et du désappointement de leur premier magistrat. Tout à coup une femme empressée traverse la foule en criant à haute voix ?

« Quel est cet affront que l'on fait à ma parfaite amie ? Quoi ! l'on ose enlever à *Madame la Préfète* sa loge ? C'est affreux ! C'est un indigne procédé ! Venez dans la mienne, ma chère baronne, venez, c'est dans l'embarras que vous reconnaîtrez vos véritables amis. »

Le discours de madame Robert, loin de toucher celle à qui il était adressé, l'anima contre l'indiscrète, qui venait ajouter au désagrément d'une pareille situation. Son transport amical, ses exclamations furent mal reçues, et, quoiqu'elle pût faire, la parfaite amie s'éloigna en lui disant :

« Madame, il est des circonstances où l'on ferait mieux de se taire que de parler. »

La sécheresse de cette phrase confondit la bonne Robert, mais ne la décida point à effectuer sa retraite ; elle poursuivit madame de Girmel dans les escaliers en lui disant plus haut encore :

« Mon Dieu! ma chère amie, à qui en avez-vous? Est-ce ma faute, si on vous dérobe votre loge? Acceptez la mienne, vous y serez à ravir. Allons, venez, et ne me boudez pas. »

Plus elle parlait, plus elle augmentait le dépit de la fière baronne. La foule accourait de toutes parts, elle entourait le Préfet en le plaçant au centre d'un cercle, agrandi par le respect des individus les plus proches ; tandis que les éclats de rire, qui partaient des rangs plus éloignés, prouvèrent à l'administrateur quelle tendre sollicitude il inspirait à *son peuple*. En arrivant chez lui, le cœur gonflé de rage, il se hâta *d'écrire à Paris* ce qui venait de se passer, afin d'obtenir la satisfaction qu'il croyait lui devoir être due. Sa prudence, cependant, ne se reposa pas

6.

en entier sur son bon droit; il fit agir ceux qui le servaient dans les occasions extraordinaires; il les poussa de telle sorte, que l'affaire examinée dans les divers ministères qu'elle pouvait regarder, fut peu de temps après décidée en sa faveur. Force fut au général de rendre sa conquête (*Historique*.). Il s'en vengea, à son tour, par un nouvel abus de pouvoir, en enlevant, aussi de surprise, la loge en face celle du Préfet; la dame à qui elle appartenait, et que les agens du général chassèrent avec assez de brutalité (*Historique*) porta également ses plaintes; on ne les écouta pas, car son mari était alors sous le poids de la disgrâce. Tout ce qui résulta de ce point, fut qu'on tourmenta un peu plus l'époux malheureux : ainsi va le monde. (*Historique.*)

Parlerons-nous encore des querelles que le vicomte de Courtmartel, doyen du conseil de préfecture, engagea, de concert avec ses collègues, soit contre les adjoints à la mairie, dans le sein même de l'hôtel-de-ville, soit contre les juges du tribunal civil ; chaque jour voit renouveler en tant de lieux ces plaisantes scènes, que nous jugeons inutile de les remettre sous les yeux de nos lecteurs. Partout les hommes sont les mêmes. Il y a des hochets pour tout âge ; les plus ridicules ne sont pas ceux des jeunes enfans. Nous passerons également sous silence la rumeur excitée parmi les fonctionnaires du chef-lieu, à la vue d'un coussin que l'un d'entre eux fit apporter pour son usage à une procession solennelle. On ne saurait imaginer le bruit causé par cette innovation, qui, l'année suivante, fut imitée par ceux qui avaient le plus murmuré contre cette vanité insupportable.

Peindrons-nous Monsieur le Préfet, réfusant avec une digne hauteur, à la grand'messe, la corne obligée de pain béni, à cause de l'offre faite par mégarde avant lui au maire de la ville, par le sacristain peu au fait des préséances; le duel qui faillit s'élever entre le directeur des domaines et celui des droits-réunis, qui, rivaux de grandeurs, voulaient mutuellement se disputer le passage à une porte dont un seul battant était ouvert. Et cet officier de gendarmerie, si chatouilleux sur ce qu'il croyait lui être dû; l'oublierons-nous, lui qu'on voyait se lever dans un dîner d'amis, s'il n'était point placé à son rang; lui qui exigeait impérieusement des maîtresses de maison l'étude du décret du 26 messidor an XII?

Nous ne finirions pas, si nous voulions rapporter tout ce que notre mémoire a retenu d'extravagant sur les folles prétentions de ces personnages. Atteints, comme eux, dans notre jeunesse d'une pareille manie, nous ne craignons pas d'en rire les premiers; l'âge nous a guéris de ces vaines chimères; tandis que les autres les caresseront encore long-temps.

CHAPITRE XXVIII.

L'ILLUSTRE VOYAGEUR.

> Le masque tombe, l'homme reste,
> Et le héros s'évanouit.
>
> ROUSSEAU, *Ode à la Fortune.*

APRÈS avoir terminé le chapitre pré-
cédent, consacré au récit des disputes de
l'orgueil; nous ne pouvons faire mieux,
pour compléter le tableau, que de rapporter une mystification, d'autant plus
cruelle et plaisante tout à la fois, qu'elle

fut involontaire, et qui pesa tant sur Monsieur le Préfet, qui en fut la première dupe, que sur plusieurs autres autorités.

On commençait à parler dans le chef-lieu du prochain passage d'un prince étranger, qui venait chercher dans la France les plaisirs mal goûtés dans ses états. Une lettre ministérielle avait prévenu le Préfet, que le haut personnage traverserait le département, caché sous le voile de l'incognito. On engageait l'administrateur à unir les égards dus à un auguste voyageur avec la sévérité du déguisement que celui-ci voulait conserver. Ces instructions communiquées au chef de la gendarmerie, frappèrent également Romeval; et, comme tous les matins il avait l'usage de fumer sa pipe devant sa maison, placée sur le bord de la grande route, il se flatta que le premier il aurait le bonheur de reconnaître l'Altesse étrangère. Nous savons tous combien il est facile de se laisser aller vers la chose qu'on souhaite, avec quel empressement nous courons vers ce qui nous trompe, si cet objet a l'apparence de ce que nous attendons. On ne s'étonnera donc pas, si par suite de cette propension naturelle à l'esprit humain, Romeval, qui avait décidé de faire, avant tout, les honneurs de la ville au prince voyageur, apercevait déjà celui-ci partout où certes il ne pouvait être; il le cherchait dans chaque voiture qu'il pouvait apercevoir; il se surprenait même à jeter un coup d'œil d'espérance sur chaque carrossin qui passait.

Un soir, à l'heure mystérieuse, où le jour dispute encore à la nuit l'empire du ciel, afin de parler poétiquement, à l'imitation de certain vicomte, notre confrère romancier, voilà que Romeval aperçut venir à lui sur la grande route une calèche d'assez bonne apparence, accompagnée de plusieurs hommes à cheval vêtus d'une belle et riche livrée, et qui s'avançait rapidement.

« Oh! bonheur! s'écria le gendarme, voilà mon prince; je le tiens; il ne m'échappera pas. »

Il suit de l'œil la légère calèche, qui va s'arrêter devant la meilleure auberge de la ville, et ceux qu'elle renfermait l'ont à peine quittée, que Romeval tout essouflé se présente. Un valet de chambre restait encore sur la place; il va à lui, et respectueusement lui demande s'il ne peut avoir l'honneur de parler à son maître.

« Si, monsieur, répliqua le postillon, *monsignor* sera charmé de voir votre excellence. » Car à la vue du costume d'un officier supérieur, la politesse de l'inférieur augmente. Le valet d'ailleurs, depuis long-temps, était nourri dans la crainte de Dieu et des gendarmes. Il passe le premier ; entre un instant seul dans une chambre voisine, d'où, ressortant peu après, il annonce à Romeval que *monsignor* est prêt à l'écouter. Monsignor était un beau jeune homme, vêtu avec une élégante simplicité : il s'avança vers le curieux, et baragouinant un langage moitié français, moitié italien, il lui demanda gracieusement ce qu'il lui voulait, et tout en riant prétendit lui montrer ses passeports qui, disait-il, étaient très-en règle.

« Eh ! monsieur, répondit Romeval en toute humilité, est-ce un motif pareil qui m'amène ? Les gens de votre sorte sont au-dessus de ces formalités exigées seulement de la canaille ; je viens me féliciter avec vous de votre venue dans cette ville, vous offrir mes services, vous proposer mes gendarmes pour vous accompagner convenablement. »

— « Je vous souis très-oubligé, ex-

cellence, de votre graziosa proupousi-
tion; ma, non en ai bizogna incora, piu
tard je l'acceptera avec piacer. »

— « Tout comme il vous plaira; moi
et les miens serons toujours à vos ordres.
Mais, monsieur, allez-vous ce soir vous
soustraire aux hommages d'une société
dont vous feriez l'ornement? Monsieur le
Préfet serait si heureux si vous veniez
embellir son cercle; vous n'auriez pas,
en accédant à ses désirs comme aux
nôtres, à vous repentir de cette précieuse
condescendance. »

— « Io sono molto fatigua; ma per
voi excellenza et per l'illoustrissismo Pre-
fetto, Io faro aun picolino effort. Je va
preparer ma gens, et je saro à la pre-
fettoura en aun instant. »

— « Je cours, noble étranger, prévenir mon respectable ami de votre bonté
toute particulière. »

« Romeval dit; il sort, court plutôt

qu'il ne marche, tant il est transporté du triomphe de sa tentative. Le voilà au milieu du salon préfectoral, annonçant à la fois l'arrivée du prince étranger, et sa prochaine venue chez Monsieur le Préfet. A cette nouvelle l'agitation est extrême; chaque dame, jetant un coup d'œil sur la glace la plus voisine, regarde si sa figure ou son vêtement est en ce moment présentable; on regrette les parures de bal, mais c'est en vain; le temps presse, il faut rester comme l'on est. Au milieu de la confusion générale, madame de Girmel, qui ne perdait point la tête, envoie promptement emprunter à la sacristie de la cathédrale le grand fauteuil doré de velours rouge, qui servait à l'évêque lors des cérémonies religieuses, tandis que son époux s'échappe un instant pour aller se revêtir de son costume de cérémonie. »

Le vicomte de Courtmartel se plaignait d'être sans épée, Montmiral enseignait aux laquais de quelle manière ils devaient présenter les rafraîchissemens à l'altesse.

« Du moins, » disait-il à chaque instant, à chaque évolution qu'il commandait, « est-ce ainsi que l'on fait au château? Allons, ajoutait-il ensuite, cela ira bien; le prince devinera qu'il y a ici quelqu'un qui s'entend au grand service. »

Cependant lorsque tous ces mouvemens s'effectuaient à la fois, les deux battans de la porte s'ouvrirent avec fracas, et l'inconnu entra, vêtu d'une manière riche, mais bizarre. Il salua profondément la compagnie; et sa jolie figure, comme aussi l'étrangeté du costume, prévinrent les dames en sa faveur. Monsieur le Préfet, madame de Girmel venant à sa rencontre, lui rendirent avec respect son salut. Romeval n'eut garde, dans la circonstance, de vouloir perdre sa charge de grand-chambellan, dont les *malins de l'endroit* l'avaient gratifié. Il faisait, pour la remplir avec gloire, l'affairé autour du prince qui, après de grandes civilités, accepta enfin le magnifique fauteuil qu'on lui offrit avec insistance. Durant ce temps, mesdames de Tersac et de Mertange se plaignirent entr'elles de ce qu'on ne commençait pas la cérémonie de la présentation : on porta leurs murmures à Monsieur le Préfet, qui allait réparer sa négligence, lorsqu'on vit paraître deux des suivans du prince, portant une table couverte d'un somptueux tapis, et garnie de quatre candélabres à plusieurs bougies, tandis que des jeunes gens les suivaient, tenant dans leurs mains certains objets dorés ou en cristal, et que des musiciens, qui fermaient la marche, se mirent à jouer un air de chasse.

L'étonnement du cercle fut grand; les bons bourgeois, qui n'avaient jamais quitté le chef-lieu, croyaient que le prince allait offrir des cadeaux aux dames; les autres paraissaient embarrassés de ce qui allait se passer. Voilà tout à coup le beau jeune homme qui, abandonnant son siége d'honneur, fait trois révérences, retrousse les manches de son habit, s'avance vers la table...... Son altesse était un habile joueur de gobelets!!

La confusion inexprimable du chef de la gendarmerie, du Préfet, de madame de Girmel, fut à peine égalée par la gaieté folle qui s'empara impérieusement de toute l'assemblée; des éclats de rire inextinguibles partirent à la fois des diverses parties de la salle. Les libéraux, car cette race funeste se rencontre partout, venaient chacun à leur tour complimenter les marquises, les comtesses, de la bienveillance particulière que le prince leur avait montré. Romeval, stupéfait plus que les autres, prévoyant l'orage qui avec justice fondrait sur lui, s'évada au plus vite, et, caché dans sa maison, y demeura renfermé durant plusieurs jours avant d'oser se présenter à la préfecture. D'une autre part, madame de Girmel très en colère, parlait de faire chasser l'insolent aventurier qui, par le fait, n'était pas dans son tort; mais le baron de Lanol arrêtant la dame :

« Modérez-vous, lui dit-il, une altesse nous eût ennuyés; peut-être cet escamoteur nous divertira : il est prince lui aussi, je parie ; car à la légèreté de ses mouvemens, je devine qu'il est un des premiers prestidigitateurs actuels. »

Malgré la justesse de ce raisonnement, madame de Girmel ne put reprendre sa belle humeur. Son époux, une seconde fois sortant du salon, alla quitter le grand costume qu'il avait endossé avec trop de précipitation. L'absence de Romeval offrit du moins aux mystifiés la petite consolation de fulminer contre son étourderie : on assuma sur sa tête toute la responsabilité d'un événement qui avait tant compromis la bonne compagnie. Mais, plus que tous, madame de Tersac était inconsolable ; elle avait déjà invité la moitié du cercle à une fête qu'elle voulait donner le lendemain au prince, ce qui faisait rejaillir sur elle une partie du ridicule préfectoral. Le baron de Lanöl s'approchant d'elle, tandis que l'altesse instrumentait avec les muscades et les gobelets, lui demanda si les engagemens tiendraient pour les jours suivans. Une grimace colérique fut toute la réponse de la dame, qui trouva la question déplacée, et la plaisanterie très-mauvaise.

CHAPITRE XXIX.

LES JOURNAUX DU CHEF-LIEU.

> Si vous avez des amis à qui vous vouliez
> donner des éloges, ou quelque ennemi
> dont on doive dire du mal, quelque
> auteur à protéger ou à décrier, il n'en
> coûte qu'une pistole par paragraphe.
>
> VOLTAIRE, *l'Écosaise*, act. I , sc. III.

Si jamais Monsieur le Préfet eût désiré de soustraire à la connaissance du public une aventure désagréable , c'était bien celle que nous venons de raconter, et dans laquelle on lui avait fait jouer un rôle si ridicule auprès d'un saltimbanque.

Mais cette scène avait eu trop de témoins pour se flatter qu'elle serait secrète; il fallut se résigner au bruit qu'elle devait et qu'elle ne manqua pas de faire. Le lendemain de cette mémorable soirée, la mystification attirée, tant au magistrat qu'à la haute société du chef-lieu, fut répandue de toutes parts; on en parla au loin dans la banlieue; elle parvint même dans les départemens voisins : il y eut un journaliste *de l'endroit* qui fut assez effronté pour oser faire allusion à ce fait dans le compte qu'il rendit des talens du Prestidigitateur.

Monsieur le Préfet, auquel un ami intime du journaliste vint faire voir cet article de la gazette, éprouva un violent dépit à la lecture d'une pareille insolence. S'il n'eût tenu qu'à lui, le journal eût sur-le-champ cessé de paraître; mais comme dans sa vengeance il était gêné par la loi sur la liberté de la presse, il chercha d'autres moyens pour atteindre le cynique folliculaire. C'était en un cas semblable que le secrétaire général devenait un conseiller nécessaire ; il avait toujours, ce digne homme, le cerveau garni, non d'argumens irrésistibles, comme dit don Basile, mais d'une foule de petits moyens innocens, avec lesquels il parvenait toujours à ses fins, en faussant à peine les lois de la morale ou de la justice. Girmel l'envoya chercher en toute hâte et lui dit, dès qu'il le vit entrer dans son cabinet :

« Eh bien ! mon très-cher ami, voilà donc où nous conduisent les progrès des lumières ? Un fonctionnaire supérieur sera impunément berné, comme un constitutionnel en boutique ? Vous avez lu le pamphlet de ce drôle de Malternon ? Vous voyez comme il parle de nous ; comme il livre aux huées du public les divertissemens de nos soirées ? Ne le punironsnous pas ? Ne pourrons-nous le frapper à notre tour ? Rira-t-il impunément de notre puissance ? »

— « Si Malternon, reprit Habacuc, parlait toujours selon sa conscience, je vous dirais il n'y a qu'à le laisser tranquille ; vous ne gagnerez rien, ni à l'intimider, ni à vouloir le corrompre ; mais avec lui, on peut, pour réussir, employer tous les moyens. Il a trop de fiel pour posséder quelques vertus ; il a trop de méchanceté pour être brave. Depuis son apparition dans le monde, il a été tourmenté du besoin de mal faire. Long-temps il fut repoussé par ses proches, qui le connaissaient trop bien. Il a sollicité de toute manière, et par les ressorts les plus honteux, les places, dont la voix publique l'a toujours déclaré indigne. Désespéré de ne pouvoir nuire avec le secours de la puissance, il a pris le parti d'établir un journal. Successeur de Fréron, dont il a les vices sans en posséder les talens, il mord à droite, il mord à gauche, bien assuré que sur cent individus offensés, quatre-vingt-quinze se contenteront de lever les épaules; et que, dussent les cinq derniers lui répondre avec des armes frappantes, cela ne le priverait pas d'avoir des abonnés. Il agit en conséquence; il injurie au hasard, il vante ceux qui le paient; son cabinet est un bureau où la louange se vend à prix fixe, et le blâme tantôt plus, tantôt moins. Dernièrement un, jeune homme, qu'il avait voulu ridiculiser, à cause de sa fatuité, le força par la peur des coups de bâton à signer le désaveu de son article. Un autre, moins facile à apaiser, lui infligea la punition méritée. Il est lu cependant! la raison s'en devine sans peine. Le monde est de glace pour les éloges; une calomnie l'amuse; mais une médisance le transporte. Malternon ne dit du bien que très-rarement; il médit parfois ; toujours il calomnie ; voilà le seul secret de son succès. Il a mal parlé de vous, obligez-le à changer de langage sur votre compte ; flétrissez par lui-même celui que vous ne pouvez déshonorer. Sur ce dernier point, n'y ayant plus rien à faire, payez-le aujourd'hui, demain il vous portera aux nues. Il tend la main pour avoir une place, donnez-lui celle d'archiviste de la préfecture, par exemple ; il fera de vous un second Sully, et dans le prochain numéro il commencera par vous comparer à Turgot, en attendant mieux, et ce sera toujours quelque chose.

— « Cette manière de s'exprimer sur mon compte serait bien une réparation ; mais faut-il récompenser celui qui nous offense ? »

— « Oui, sans doute, si on ne peut l'avilir autrement ; l'enfoncer plus encore dans la boue est une vraie satisfaction. »

Monsieur le Préfet, tout en avouant qu'Habacuc connaissait bien les hommes, eut néanmoins quelque peine à suivre le parti qu'il lui proposait, mais enfin se confiant en la prudence du personnage, il lui remit cinq louis qui devaient opérer une subversion subite, car le folliculaire ne s'estimait pas au delà de sa réelle valeur.

Trois autres journaux étaient en outre publiés dans le chef-lieu de la préfecture. Le premier, occupé seulement du soin de rendre compte des événemens politiques, n'avait pris aucune couleur locale, ni embrassé aucune opinion. Les ultras ne le lisaient point par cela seul qu'il était raisonnable; mais il comptait beaucoup d'abonnés. Il ne se mêlait guère de littérature; il parlait quelquefois des acteurs et des représentations théâtrales. Le rédacteur de ces articles y semait la piquante grâce de son esprit; il jugeait bien, parlait mieux, et dérobait à de plus importans travaux quelques pages originales par l'expression, fortes de choses, et parées d'une aimable malice qui n'avait rien de forcé ou d'amer.

Le second journal, surnommé avec raison le Jocrisse de la Province, ne vivait que de mensonge et ne respirait que la fureur. Son rédacteur en chef, niais outre mesure, croyait servir son parti quand il se rendait odieux ou ridicule. Ce journal, résumé de toutes les gazettes fanatiques de la capitale, s'il ne les surpassait pas en audace, les égalait au moins en turpitude. Écho de toutes les passions, il ne pouvait descendre plus bas dans l'estime des gens honnêtes, et, par suite, il était soutenu par cette coterie qui s'intitule les honnêtes gens. Chaque jour néanmoins il perdait un abonné, tant ses déclamations dégoûtantes, ses transports de commande, son amour pour la prétendue bonne cause, qui n'est ni celle du Roi, ni celle de la nation, ennuyaient ceux-mêmes qui pensaient comme lui.

Le dernier journal avait été frappé de mort dès le premier jour de sa venue au monde. Trois fois il avait changé de nom, afin de dérouter les lecteurs ; mais, comme il n'avait pas changé de style, nul ne voulait le lire, à tel point on le redoutait. Envain, pour le débiter, les amis de l'éditeur allaient en charger les tables de tous les cafés de la ville, ni les élégies, ni les poëmes, ni les épigrammes, ni les satires, ni les fables de l'auteur, qui seul l'alimentait, ne pouvaient arrêter un instant les regards du plus jeune des étudians ; en vain ce poëte malheureux affirmait qu'il possédait dans son portefeuille poétique, une valeur égale à celle de six cent mille francs ; ce propos le rendait plus ridicule, mais n'aidait pas à la vente d'un seul numéro.

Enfin le pauvre hère était si flasque, si pâle, si froid, que la méchanceté était sans attrait sous sa plume. Il outrageait sans succès les talens les plus estimables; il louait vainement tous les pouvoirs, et, quoiqu'il sautât pour le roi et pour la ligue, il avait la douleur de n'être acheté ni par la ligue ni par le roi.

Ces divers personnages, les derniers surtout, apprirent avec un vif chagrin la bonne fortune de leur confrère Malternon. Chacun d'eux cria vite à l'injustice, et fit valoir ses droits, afin d'être également récompensé. L'un avait dénoncé, dénoncé, dénoncé, avec tant de constance! il avait lavé tant de blanc sale! il avait si souvent répandu son venin sur la grandeur française, qu'il ne pouvait concevoir le triomphe de son rival.

L'autre observait avec plus de douceur que Monsieur le Préfet avait reçu de lui, soit en odes, épîtres, madrigaux, couplets à sa louange, à celle de madame, de mademoiselle de Girmel, quatre mille sept cent trente-deux vers, sans compter les variantes. En même temps il insinuait tout bas qu'il tenait en réserve des satires à la Juvénal, des épigrammes à la Le Brun (c'était lui qui le disait) contre l'administrateur qui ne rendrait pas une prompte justice à son mérite. Ledit journaliste, partageant en deux une feuille de papier lorsqu'il traitait un sujet, louait à gauche, et dépréciait à droite, imbu qu'il était de la grande maxime, qu'il faut vivre avec ses amis comme si un jour on devait les avoir pour ennemis; car il jugeait les autres avec les sentimens de son cœur.

Malgré la supériorité de son rang, Monsieur le Préfet redoutait la critique; il était par cette faiblesse le seul dans le département que pût effrayer la menace du dernier journaliste. Mais lui-même était auteur, et ce qu'il redoutait le plus était une critique raisonnée de ses ouvrages; il ne voulait pas, d'une autre part, se rendre tributaire de tous ceux qui pouvaient noircir du papier. Balancé entre la crainte d'être offensé dans son amour-propre, ou larronné de son argent, ses tribulations étaient vraiment désespérantes. Habacuc fut encore son consolateur dans cet embarras.

« Le journaliste n°. 1er. ne demande rien; c'est à merveille! qu'il demeure en paix. Passons aux autres. N° 2. L'allié des étrangers ne peut rien refuser à madame de Tersac, qui a tant fait pour eux dans la dernière guerre. Donnez au confesseur de cette dame le poste d'aumônier du collége, qu'il sollicite depuis un an, à condition qu'il fera taire le fanatique. N°. 3. Veut se faire redouter; bravez hardiment ses menaces; son destin l'emportera toujours. Il est comme le père de Figaro, il calomnierait qu'on ne le croirait pas. Il se lassera d'imprimer à ses frais des pamphlets dont il ne débite que ceux qu'il donne, et de guerre lasse, nous l'aurons. »

Habacuc ne se trompait point. Bientôt les renommées du chef-lieu ne tarirent plus des éloges prodigués à la fleur de la magistrature, et le plus méchant, qui n'avait pu effrayer le fonctionnaire, finit par implorer sa protection en un long poëme qu'il lui présenta, et qu'on ne lut point, attendu que le ciel avait décidé que cet auteur n'écrirait jamais que pour lui-même.

Charmé d'être débarrassé de ce tracas, Monsieur le Préfet, comme le reste de ses pareils, s'écriait, au milieu des transports de sa joie.

« Oh! qui me délivrera pareillement des vanités du comte de Mertange ;

des hauteurs du saint prélat, du pouvoir..., etc. ? »

Mais, en parlant ainsi, il regardait
avec soin s'il était seul dans sa chambre,
et si quelque observateur ne l'observait
pas. A propos d'observateur!... Passons
au chapitre suivant, peut-être nous fe-
ra-t-il mieux connaître les occupations de
Monsieur le Préfet.

CHAPITRE XXX.

—◆—

LES OBSERVATEURS MODERNES.

> Parlons bas,
> Parlons bas,
> Ici près j'ai vu Judas.
>
> de Béranger, *Chansons*.

Toutes les visites que recevait Monsieur le Préfet ne venaient point à lui par l'entrée publique de son appartement. Il y avait dans le chef-lieu quelques individus favorisés d'une bienveillance particulière, qui possédaient la

connaissance d'un escalier mystérieux,
par lequel on arrivait secrètement jusqu'à son cabinet. Souvent cette issue
ignorée du vulgaire laissait pénétrer un
ecclésiastique, grand parleur de son mé-
tier, qui, de la meilleure foi du monde,
croyant servir la cause de l'autel et du
trône, venait instruire l'administrateur
de ce qui se passait au séminaire et ailleurs : car, on aura de la peine à se le
persuader et pourtant la chose est trop
vraie, les maudites lumières du siècle se
répandent chaque jour de plus en plus
dans les réduits les plus ténébreux; elles
éclairent même en partie les écoles de
théologie ; on y trouve (c'est un bien
grand malheur!) quelques jeunes gens
convaincus qu'on peut être excellent prê-
tre sans qu'il y ait nécessité de faire un
ordre séparé dans l'état, qui repoussent
les doctrines ultramontaines qu'on vou-
drait leur inculquer, et préfèrent suivre

les opinions de Bossuet, posant les bor-
nes des divers pouvoirs; qui enfin ne
craignent pas de commenter, sans leur
donner un sens ridicule, ces paroles sa-
crées, *Mon royaume n'est pas de ce
monde.* Par suite de ces nouveaux et
dangereux principes, il convient de sur-
veiller attentivement cette jeunesse indo-
cile, et l'on trouve toujours quelques
bons hommes qui se chargent de ce soin.

A l'ecclésiastique succède quelquefois
une dame du grand monde : madame de
Tersac, par exemple. Revenue des erreurs de son bel âge, elle croit les réparer et faire œuvre pie en servant Dieu
et le roi dans des voies cachées. Elle fré-
quente chez elle ou ailleurs une société
nombreuse; écoutant tout ce qu'on dit,
elle devine au mouvement de l'œil ou de
la bouche ce qu'on pense dans les replis
du cœur; elle sait de qui l'on doit se dé-
fier, sur qui on peut répandre sans er-

reur les faveurs ministérielles; elle vient causer familièrement de ces divers sujets avec Monsieur le Préfet, et chaque année, en retour de ses confidences, elle reçoit, soit au premier janvier, soit au jour de sa naissance, comme à celui de sa fête, sans qu'elle connaisse la main d'où partent d'aimables galanteries, tantôt des bijoux de prix, des étoffes à la mode, diverses pièces d'argenterie payées à Paris....

Un militaire, jeune encore et, à sa double honte, de bonne maison, a toujours quelque chose à dire à Monsieur le Préfet que le public ne doit pas entendre. Le nombre est si considérable des sabreurs de l'ancienne armée qui remplissent le régiment, et dont en partie on a formé le dernier bataillon, remis en activité; il y a tant de demi-soldes maintenant à paie entière, qu'on ne saurait trop répéter ce que leur conversation peut avoir de curieux. On les suit au café; on les accompagne à la promenade; on se mêle dans toutes leurs conversations; on pense même comme eux, s'il s'en trouve dont les opinions soient condamnables. Mais le lendemain Monsieur le Préfet reçoit une visite si intéressante, qu'il en écrit jusqu'aux moindres détails. Peu après, le jeune militaire, qui a jasé avec lui, fait un chemin rapide; il n'était naguère que bas officier, et maintenant il espère le titre de colonel.

A ces personnages, sortis de la bonne compagnie, succèdent quelquefois ces êtres accoutumés à traîner leur misérable existence au sein de la débauche et de l'infamie; agens obligés de toutes les trames coupables, qui, n'appuyant que le vice, abhorrent la vertu, et la flétrissent de leur souffle empoisonné. On les rencontre partout où la foule réunie leur fait espérer de pouvoir faire le mal avec plus de facilité; ils poursuivent de leurs rapports fallacieux tous ceux qui peuvent leur déplaire; ils font de celui qui les méprise, ou qui les a punis de leurs méfaits, un soudain ennemi du gouvernement; ils appellent conspirateurs ceux qui ne leur ressemblent pas, et dès lors, par bonheur pour l'humanité, est grand le nombre des dignes citoyens sur lesquels ils appellent cependant les regards craintifs de la police. On rencontre partout ces explorateurs, Parias odieux d'une opinion dont ils se moquent; ils sont parvenus jusqu'à circonvenir les magistrats, tremblant eux-mêmes à la pensée d'être dénoncés par leurs abominables agens. Il y en avait, des individus de cette classe mystérieuse, dans les bureaux de la préfecture. Plus d'une fois l'administrateur redouta celui qu'il salariait, et qu'il n'était plus le maître de renvoyer, quoiqu'il connût ses infidélités journalières. Tels sont les premiers anneaux d'une puissance cachée, qui, selon une belle expression, s'élève derrière le trône au-dessus du trône même! Ces malheureux, pour se rendre importans, venaient sans cesse faire des rapports ou mensongers, ou du moins amplifiés outre mesure. Ils s'irritaient des médiocres récompenses qui les payaient de leurs mystérieux services. La tranquillité du département leur était importune; et l'un d'entre eux, plus hardi que les autres, parce qu'il était soutenu par des gens de haut parage, ayant abordé le secrétaire général, lui exposa sans rougir le plan malfaisant que lui et *ses collègues* avaient inventé dans une de leurs réunions de *prima mensis*, pour agiter quelque peu un pays soumis et fidèle.

Habacuc l'écouta sans honte. Trop habile néanmoins pour lui donner une réponse précise, telle que d'abord il la demandait, il se contenta de louer le zèle des observateurs ; leur fit recommander de rassembler de suite les élémens qui pourraient servir à *éclairer* le pouvoir sur les menées des ennemis de la légitimité, et congédia l'orateur, en lui laissant l'espérance qu'on ne tarderait pas à l'employer utilement. Immédiatement après cette conversation, Habacuc passa dans le cabinet de Monsieur le Préfet. Ce qu'il lui dit, en débutant, fut prononcé avec tant de mystère, à voix basse, que notre démon familier ne put l'entendre, à moins que, par intérêt pour notre liberté, il n'ait pas voulu nous le communiquer. Mais nous tenons de sa parfaite mémoire, la suite du colloque que nous allons rapporter.

« Ainsi, mon cher Habacuc, vous attendriez beaucoup d'une telle entreprise ? »

— « Je crois, Monsieur le Préfet, vous

en avoir démontré tous les avantages ; comptez-vous pour rien en outre d'être placé au rang des sauveurs de la monarchie ; cela rapporte beaucoup cette année. Calculez les faveurs méritées par une telle vigilance et par un devouement sans borne. »

— « Mais enfin, le calme règne dans mon département. »

— « Aussi, n'avez-vous point l'espérance de le quitter de long-temps pour passer à une meilleure préfecture. »

— « Ces paysans ne songent qu'à travailler. »

— « Eh bien ! fournissons-leur de l'ouvrage. »

— « Les militaires se plaignent ? dites-vous ; je ne le crois guère. Et puis, d'ailleurs, qui ne se plaint pas ? C'est la manie universelle. »

— « La plainte, dans leur position, est un crime ! On les paie, ils doivent se taire; ils sont coupables s'ils ne le font pas. Je vous prouverai d'ailleurs que leurs promenades perpétuelles autour des remparts de la ville, dont ils examinent soigneusement les endroits faibles, sont un commencement de conspiration. »

— « Monsieur Habacuc, dites-moi franchement que dans notre intérêt il convient de les pousser à la révolte; mais ne me parlez pas, je vous prie, comme nous parlerions à nos supérieurs. »

— « Et vous aussi, soyez plus décidé. Avez-vous oublié 1793? On dirait que je ne vous ai pas vu également travailler au 10 août? Votre résistance d'aujourd'hui me paraît pitoyable! Prenez-y garde, les honnêtes gens, s'ils s'en aperçoivent, pourraient ne plus voir en vous qu'un déserteur de la bonne cause. »

— « Je sens bien tout cela; mais le non-succès m'effraie. »

— « S'il ne répond pas à notre attente,

nous nous réfugierons dans l'excellence de notre intention, dans la nécessité où nous nous sommes trouvés de mieux connaître nos amis et nos ennemis. »

— « Allons, je me rends ; agissez, mon cher, on nous devra de belles récompenses. »

— « Pour premier prix d'un tel service, je vois déjà le chevalier Adolphe époux de mademoiselle Lubert. »

— « Hélas ! je le voudrais, mais mon espoir s'est évanoui : voici ce malencontreux colonel qui hérite tout à coup d'une grande fortune. Il est aimé, dit-on, de la jeune personne ; maintenant, sans obstacle il ravira à mon fils les trésors que destinait à celui-ci ma tendresse paternelle. »

— « Le colonel de Valtaire, Monsieur le Préfet, faisait partie de l'ancienne armée ? »

— « Certainement. »

— « Il est à la demi-solde depuis 1814 ? »

— « Je le sais. »

— « Il organisa, en 1815, une compagnie franche ? »

— « C'est encore vrai. »

— « Son bienfaiteur était janséniste ? »

— « On le dit. »

— « Voilà qui sent furieusement la boîte à Perrette !!! M. de Valtaire ne serait-il pas l'un des caissiers du comité directeur ? »

— « Si cela pouvait être ! »

— « Comment vous en doutez, Monsieur le Préfet ? Cela est, très-positivement ! Cet homme habite votre département par ordre de la propagande. Nous avons un chef à désigner dans notre plan ; le voilà tout trouvé ! »

— « Ah ! bon Dieu, que dites-vous là ? nous pourrions..... »

— « Réussir, avec de l'audace, et en bravant le péril. Allumons, autour de ce gentilhomme déserteur de la classe, une masse

de présomptions, telles qu'il en soit acca-
blé; nos agens feront le reste. Ils dépo-
seront contre lui, pourvu qu'ils le con-
naissent, et j'aurai soin de le leur bien
faire voir; me rappelant trop le désagrément survenu naguère dans une conspiration célèbre, à deux des nôtres, qui
désignèrent tout de travers celui avec lequel, disaient-ils, ils avaient eu plusieurs
conférences. Je veux que notre affaire
soit irréprochable, afin que, sans incident
fâcheux, on n'ait qu'à punir ou récompenser. »

Monsieur le Préfet, vaincu par l'im-
mense avantage que lui présentait ce projet coupable, en abandonna la direction
au sieur Habacuc. Celui-ci, pour se rendre digne d'une telle confiance, mit une
extrême activité à conduire les fils de la
trame; il y trouvait, le digne homme!

Double profit à faire,
Son bien premièrement, et puis le mal d'autrui.

Sa pâle figure emblémit davantage, et en se frottant les mains, il se dit dans les transports de son infernale joie :

Bon ! cela ira à merveille, nous aurons au moins quatre condamnations à mort !!!

CHAPITRE XXXI.

LE PÈRE ET LA FILLE.

Je crains les Grecs même dans leurs présens.

Virgile.

Malgré la dextérité de son complice, Monsieur le Préfet n'était pas sans inquiétude au sujet de l'entreprise qu'ils allaient tenter. Mais aveuglé par l'intérêt, ce magicien qui trompe presque tous les hommes, il voyait déjà le colonel de Valtaire en fuite ou dans les fers, laissant toujours, de l'une ou l'autre manière, le champ libre au chevalier Adolphe. Ce dernier était enfin parvenu à comprendre qu'il devait être épris des charmes de mademoiselle Lubert. Son père, sa mère, sa sœur lui avaient fait entendre combien un mariage contracté avec elle serait avantageux, tant à lui qu'à toute la famille. Pour réussir, il vainquit sa paresse naturelle, et commença sérieusement à montrer les apparences d'une passion qu'il n'éprouvait point.

Célénie, plus que toute autre, avait cherché à décider son frère. Le silence d'Ernest la couvrait de confusion, elle en augurait mal pour le triomphe qu'elle brûlait d'obtenir, et le désir de la vengeance prenait déjà racine dans son cœur. Elle avait appris avec toute la ville, de quelle sorte la fortune était venue fondre sur le bel Ernest; maintenant il possédait tous les biens que le monde exige pour compléter le bonheur. Il eût paru si doux à Célénie de changer, en cette circonstance, le nom de Girmel contre celui de Valtaire ! L'espérance du succès aurait brillé à ses regards, si le colonel lui eût tenu sa parole. Mais nulle épître tracée par sa main n'était venue, les jours s'écoulaient, il ne tarderait pas lui-même à reparaître, c'était là le moment de l'emporter. Elle jugea utile à ses desseins de se rapprocher davantage d'Aline, mais celle-ci, par un avis secret de son cœur, repoussait les avances de sa rivale; renfermée dans l'intérieur de sa maison, elle refusait de venir à la préfecture, se rejetant sur les nombreux travaux qu'elle devait diriger, et qui étaient soumis à sa surveillance. Célénie, élevée suivant la mode des parens de nos jours, ne pouvait se persuader que les détails d'une manufacture dussent détourner une jeune personne des plaisirs que la société présentait; elle pensa plutôt que mademoiselle Lubert, soupçonnant ses intentions cachées, ne voulait pas concourir à l'accomplissement d'un projet, qui ne s'effectuerait qu'aux dépens de sa prospérité.

Célénie alors, pour contraindre Aline à faire ce qu'elle souhaitait, s'avisa de parler sérieusement à Monsieur le Préfet. Elle lui demanda s'il ne songeait point à contenter M. Lubert, dans l'une de ses modestes ambitions, lui observant, s'il retardait trop à le faire, qu'il ne serait peut-être plus temps. Girmel avait fait également les mêmes réflexions, et agi en conséquence. Il confia à sa fille, qu'il venait de replacer le négociant sur la liste des membres du collége départemental; quelle que pût être d'ailleurs la colère des *honnêtes gens*, quand ils auraient connaissance de ce méfait d'une nouvelle espèce.

« Je vous engage, ma chère Célénie, poursuivit-il, à vous rendre à l'instant chez votre amie, afin de porter à son père l'ordonnance de nomination ; il sera flatté, peut-être, de cette prévenance de notre part. »

Célénie, impatiente de remplir sa mission, prit à peine le temps de changer quelque chose à sa parure du matin ; elle partit, et trouva le négociant et sa fille qui achevaient leur déjeûner. On l'accueillit avec amitié, et après les premiers complimens, elle prit la parole, et annonça la réintégration qu'elle apportait. Ce ne fut pas sans satisfaction que Lubert reçut cette nouvelle ; il lut par deux fois l'ordonnance royale, puis s'excusa auprès de mademoiselle de Girmel, sur l'impolitesse qu'il allait lui faire, en la quittant soudain.

« Mademoiselle, dit-il, souffrez, après vous avoir fait mes remercîmens, que je coure porter moi-même, à Monsieur le Préfet, les expressions de ma reconnaissance. »

« Eh bien, ma bonne amie, » dit Célénie, lorsqu'elle fut seule avec Aline, « voilà M. de Valtaire au comble de ses vœux? il pourra maintenant briller d'une manière convenable au rang qu'il a tenu, et qu'il était fait pour tenir dans le monde. Sans doute qu'il ne tardera pas à chercher une femme digne de lui, tant par la naissance que par la fortune.

Cette insinuation maligne frappa Aline jusques au fond du cœur. Trop naïve pour savoir cacher, sous le voile de l'indifférence, le chagrin subit qu'elle ressentait, elle pâlit; alors qu'elle répondait d'une voix mal assurée.

— « J'ignore, des projets du colonel de Valtaire, ce que son amitié n'a pas mandé à mon père. Tout ce que je puis vous dire, tout ce que je sais parfaitement, car il l'a écrit, est que son projet n'est point de quitter le commerce, et qu'il indique déjà les nouvelles entreprises auxquelles il veut se livrer. »

Célénie avait joui d'abord du trouble d'Aline, mais à son tour elle éprouva du dépit, en écoutant la simple réponse qu'on lui faisait.

— « Quoi ! » dit-elle, et feignant d'éclater de rire, « vous avez si bien inculqué dans ce noble cœur les inclinations tant en désaccord avec les principes de sa classe? Oh! le digne négociant que fera le noble colonel! Certes, je m'opposerai à ce dessein de toute mon influence; lui qui me consulte quelquefois... »

A ce dernier mot Célénie s'arrêta, comme si elle eût rougi de son indiscret aveu, puis elle ajouta en hésitant :

« Ah! ma chère amie, devais-je ainsi

vous révéler nos secrets ? Mais, m'eût-il été possible de le cacher, à vous, que j'aime avec tant d'affection !

— « Vous m'en donnez une bien grande preuve, en me révélant ce que sans doute on vous avait commandé de me taire. »

— « Oh ! je fais ce que je veux, je ne tyrannise pas mes amis, et je ne souffre point qu'ils me dictent leurs volontés. Le colonel se doit à la société ; il peut, avec son nom et sa fortune, devenir très-bon royaliste, ses services personnels seront enfin récompensés, car on les appuiera des recommandations les plus puissantes. »

Célénie continua son discours sans qu'Aline songeât à l'interrompre. Elle se livrait dans le même temps à de trop pénibles réflexions ; elle aussi eût voulu le bonheur de Valtaire, mais elle l'eût circonscrit dans le charme du repos, dans la paix intérieure, et non en l'exposant aux séductions du faste ou de l'ambition des cours. Elle se rappelait la phrase dernière de la lettre d'Ernest, qui semblait annoncer des projets bien différens que ceux d'une union avec Célénie.

Celle-ci, triomphante du coup qu'elle venait de porter, changea de conversation avec son habileté ordinaire. Elle parla, sans paraître y rien mettre de particulier, de la sombre mélancolie à laquelle son frère Adolphe s'abandonnait depuis plusieurs jours ; il ne sortait plus de l'hôtel, ne se montrait que soucieux et chagrin. « Vous ne devez l'avoir vu depuis un siècle ? » ajouta la coquette rusée.

— « Hier encore, répliqua mademoiselle Lubert, il était ici, et nous avons eu quatre fois sa visite depuis le premier jour de la semaine. »

— « Mon frère se plaît dans votre maison ? eh bien, elle est la seule dans laquelle il veuille paraître. Voilà un fait très-singulier ! hier précisément madame de Tersac d'une part, et la chanoinesse de Mertange de l'autre, se plaignaient à moi qu'on ne l'apercevait plus. Vous verrez, m'a dit alors la dernière, dont on connaît la haute expérience, que le chevalier Adolphe éprouve les langueurs d'une tendre passion. Je n'ai su que lui répondre, car je ne le croyais épris que des seuls charmes de la retraite. »

Cette nouvelle et non moins adroite insinuation, termina les visites que faisait Célénie. Elle avait rempli son double but, elle put alors retourner auprès de sa mère, qu'en fille prudente elle mettait de moitié dans le secret de son intrigue. Madame de Girmel se rappelait son jeune âge au milieu de ces épanchemens filials ; et, malgré elle, sa conscience forçait ses lèvres à murmurer un proverbe que nous ne répéterons pas.

Tandis que Célénie agissait, Monsieur

le Préfet, plus heureux, avait mieux avancé vers le but commun. Il venait de recevoir M. Lubert, qui se montrait flatté de la justice qu'on venait de lui rendre. L'administrateur, saisissant le bon moment, le convainquit à demi des bonnes intentions du ministère, dès qu'il consentait à replacer un ferme constitutionnel. Lubert en convenait presque, mais il résistait néanmoins encore ; une salutaire défiance lui faisait craindre pour son indépendance à venir. Au milieu des épanchemens de son amitié, il ne repoussa point la proposition indirecte que lui fit Girmel de réunir leurs familles. Ce dernier lui parla *franchement* du bien qu'il possédait ; de ses epérances fondées ; du chemin rapide qu'il ferait faire à son fils, aussitôt qu'il l'aurait établi convenablement. Enfin de tout ce qui pouvait éblouir et séduire.

Lubert, au premier coup d'œil, ne

vit pas les inconvéniens de cette alliance.
Plus d'une fois il avait songé à récompenser les vertus d'Ernest, en lui donnant la main de sa fille; tandis que maintenant il craignait qu'aveuglé par sa
fortune, le colonel ne trouvât cette union
disproportionnée avec sa position nouvelle. Lubert pouvait d'ailleurs calculer
avec succès les chances d'une opération
commerciale; mais il n'entendait rien à
surprendre les secrets de deux jeunes
cœurs. La mutuelle affection de Valtaire
et d'Aline lui était complétement échap-
pée. D'une autre part il trouvait quelque
plaisir à avoir pour gendre le fils de
Monsieur le Préfet; aussi, sans néanmoins
s'engager en aucune manière, il écouta
ce qu'on lui disait, déclarant qu'avant
tout il fallait consulter la volonté de sa
fille, bien décidé qu'il était à ne jamais
la contrarier dans l'affaire la plus importante de sa vie. Le négociant n'avait

nulle idée poétique, il ne choisissait pas ses expressions, mais il ne raisonnait pas moins bien.

Je compare, disait-il, le mariage à un habit : c'est à celui qui doit le vêtir à décider de la couleur de l'étoffe et du modèle.

Monsieur le Préfet eût bien voulu que Lubert eût dirigé les inclinations de sa fille, il en toucha même quelque chose en passant. Ce fut en vain. Il ne tarda pas à s'apercevoir que sur ce point il n'y avait rien à attendre, et que l'amour-propre ne changerait jamais en tyran le meilleur des pères.

CHAPITRE XXXII.

LES PRÉLIMINAIRES DU PASSAGE D'UN PRINCE.

> Vous êtes orfévre, monsieur Josse?
> MOLIERE, *L'am. Méd.*

MONSIEUR le Préfet n'avait pas oublié le rôle ridicule que lui avait fait jouer le chef de la gendarmerie, lorsqu'on avait accueilli un joueur de gobelets à l'égal d'une majestueuse excellence. Romeval, pour se faire pardonner son étourderie, avait eu le bon sens de redoubler ses fla-

gorneries, et de rendre à l'administrateur
certains services, qui de plus en plus le
faisaient ressembler au président Bon-
neau dont l'histoire est si connue. En
vain d'autres soins auraient dû distraire
Monsieur le Préfet de cette involontaire mystification, elle revenait toujours
se présenter à sa pensée ; et le nom du
prince étranger, s'il était prononcé par
hasard devant lui positivement, lui pro-
curait la fièvre. Ce ne fut donc pas sans
une extrême émotion, qu'il reçut offi-
ciellement la nouvelle de la venue, non
d'un autre Italien *altessié*, mais bien
d'un prince français, cher à la nation par
ses vertus, et son amour pour la charte
constitutionnelle. Le prince que nous ne
nommerons point, mais qu'on devinera
sans peine, était chargé d'une importante
mission. Il allait faire une longue tournée,
et le département de Girmel était placé
sur la route qu'il devait parcourir.

Monsieur le Préfet, instruit à temps, s'empressa de rassembler les élémens d'une réception solennelle. Il voulut, tant sa modestie fut grande, que la pompe de son arrivée au chef-lieu, le cédât à celle de l'auguste personnage. Il eut même la pudeur de faire édifier un nouvel arc de triomphe, celui qu'on avait dressé pour lui ne lui paraissant pas convenable. Il ne négligea pas de provoquer ou de diriger tout ce qui pouvait exciter l'enthousiasme public; car, nous ne craindrons pas de le dire aux Grands qui voudront nous entendre, on les trompe toujours de la moitié, dans tous les témoignages de vénération qu'on leur présente. Le peuple est froid naturellement, lorsque quelque grande passion ne l'agite point; mais on échauffe avec facilité des vanités locales; le désir de se faire remarquer, la petite ambition d'attirer sur soi les regards, des transports artificiels sont une grande partie du délire qui éclate par des cris, des vœux, des guirlandes, des portiques de verdure, des illuminations et des fusées. Nous ne connaissons en outre rien de plus ridicule que ces harangues obligées, débitées sans pudeur par les divers corps de l'État. Toujours celui auquel on s'adresse est le plus grand, le meilleur, le plus habile des hommes. Henri IV et Néron furent loués de la même manière : on vanta également leur bonté, leur clémence, leur justice; et chaque de nos harangueurs a répété les mêmes phrases au roi légitime, comme au conquérant usurpateur.

Les diverses autorités furent convoquées à la préfecture; là, on régla la somme que paierait chaque fonctionnaire, suivant son rang ou son traitement. Il y eut des enthousiasmes à tout prix, des transports d'amour au rabais : tant, dans le meilleur des mondes, on consulte plus l'intérêt que les sentimens du cœur! La même scène fut répétée avec moins d'appareil, mais avec une parcimonie égale dans les diverses administrations. Enfin, après force tracas, après des querelles honteuses pour des personnages si bien pensans, on arracha la somme nécessaire à donner de l'éclat à la réception dont le premier administrateur devait recueillir tout le prix; et un rapport infidèle et fastueux put annoncer à Paris le zèle avec lequel chacun s'était exécuté.

La mairie fit mieux encore; elle se chargea de fournir, d'après un taux déterminé, aux citoyens de la ville, des guirlandes toutes faites, des inscriptions, des devises, des drapeaux blancs, et jusqu'à des fleurs de lis. (*Historique.*) Heureuse spéculation qui devait tourner au plus grand avantage du trésor municipal, ainsi qu'à l'honneur de la commune! Des commissaires, désignés par le maire dans les divers quartiers, furent de porte en porte demander des secours pécuniaires pour ajouter encore à la pompe de la fête. Les libéraux en général furent ceux qui fournirent les plus fortes sommes : ils savaient par expérience combien, dans ces occasions, on voit d'un mauvais œil ceux qui songent plus aux besoins particuliers de leurs familles qu'aux désirs des agens du pouvoir; se rappelant en outre les vexations journalières auxquelles les récalcitrans sont exposés, ils se taxaient plus cher, afin qu'à leur égard on écoutât parfois la justice.

D'un autre côté, un certain nombre de jeunes gens des classes inférieures, puisque classes il y a, bien instruits que la pièce de cinq francs et deux bouteilles de vin seraient leur récompense, couraient çà et là chez leurs amis, chez leurs parens, pour rassembler les diverses pièces

du costume de circonstance qu'ils devaient adopter, afin d'être admis à l'honneur de remplacer les robustes quadru-
pèdes qui devaient naturellement conduire
le carrosse de l'auguste Altesse. On les
voyait chaque jour, vers une promenade
écartée, faisant la répétition du délire
spontané qui les enflammerait à la vue du
haut personnage; car, à l'avance, tout se
calcule dans les grandes occasions! Les
Potemkins en miniature se rencontrent
partout : la race des flatteurs et des
lâches est abondante dans l'univers.

Il s'agissait également de présenter une
corbeille de fleurs, pièce à peu près indispensable aux réceptions de ce genre; et l'on
décida que ce gracieux hommage serait
offert par une jeune personne, qu'accom-
pagnerait la foule choisie des vierges du
chef-lieu, qui devaient tenir dans leurs
mains des tiges de lis fleuris, double sym-
bole de l'innocence et de la monarchie. La

principale de la troupe charmante, portant la parole, exprimerait au prince l'énergie et la sincérité des sentimens de la population.

Cette partie théâtrale de la cérémonie fut agitée pour ses détails à l'hôtel de la Préfecture, dans une réunion particulière, composée seulement du petit nombre des élus. Là se rassemblèrent les maîtres de la maison, le comte, la comtesse de Mertange, Romeval, le vicomte de Courtmartel et madame Robert, qui s'était glissée dans le conseil plus qu'on ne l'y avait admise : elle y était presque malgré *sa parfaite amie*, madame de Girmel, encore rancuneuse contre elle des instances inopportunes qui avaient prolongé une certaine scène jouée non sur le théâtre, mais dans les couloirs de la salle de spectacle, et que le lecteur n'a peut-être pas oubliée.

Chaque membre du comité y apporta

des prétentions que l'on croyait fondées,
et des espérances que l'on se flattait de
changer en des réalités. A l'exception de
Romeval, qui n'avait point d'enfant, les
autres avaient des filles ou des nièces,
toutes destinées *in petto* à l'honneur si
désirable de représenter, durant le grand
jour, Monsieur le Préfet, accoutumé à
faire la loi depuis long-temps, avait à
l'avance décidé la question en sa faveur,
en composant le compliment que débite-
rait Célénie; mais, néanmoins, il n'osait
encore avouer ce coup d'état. Le chapitre
des considérations est vaste : un Préfet
ne règne pas seul dans son département.
Le comte, la comtesse de Mertange,
madame de Tersac étaient là, et, plus que
tout autre, il savait à quelles oreilles ils
pourraient aller porter leurs plaintes. Il
dissimulait donc comme un tyran de mé-
lodrame, imaginant d'obtenir par accla-
mation, ce qu'il n'osait enlever de vive

force : il comptait avec raison sur le secours de Romeval, qui, toujours dévoué à
celui auquel il connaissait plus de crédit,
ne manquerait pas de prêter son appui
aux désirs du Préfet, en réparation surtout de sa précédente étourderie.

Les divers prétendans commencèrent,
avant d'entamer le point capital pour
eux, à passer en revue les diverses por-
tions de la cérémonie, tant en pompes
qu'en plaisirs : on critiqua un peu ; on
loua beaucoup les dessins du pavillon
d'attente, des arcs de triomphe qui devaient être construits aux frais des ar-
tistes et des commerçans. On rit des ridicules de quelques inscriptions ; mais
comme on n'en présenta pas de meilleures, celles-là furent admises, en faveur
du sentiment qui les avait inspirées. Les
portiques, décorés de fleurs et de drapeaux blancs, qui devaient orner les
rues, l'illumination des bâtimens publics,

soumise à un plan régulier, la forme du feu d'artifice, tout fut contrôlé et approuvé. On éplucha soigneusement la liste des invitations de bal obligé : les uns ne voulaient y admettre que *des gens comme il faut ;* les autres convenaient, en gémissant, qu'un prince pouvait vouloir être accessible à la canaille comme aux grands, et que par conséquent il fallait étendre malgré soi les invitations.

« Ainsi, dit la comtesse, vous décidez que nous ne serons pas *entre nous* dans ce cercle respectable ? »

— « Du moins, puisqu'il faut du mélange, ajouta madame de Tersac, je présume qu'on arrangera les choses de manière à ne pas nous confondre avec la *plèbe :* elle doit être placée dans un premier salon, où le prince ne fera que passer ; mais comme il se trouve parmi elle des êtres d'une insolence rare, à qui cette étiquette ne conviendrait pas, tant l'orgueil a fait des progrès, il serait bon de nous rendre ici avant l'heure indiquée pour la réunion, afin de choisir librement le poste légitime où nous devons nous asseoir autour du fauteuil de son altesse, qui ne sera pas sans doute le même dont se servit l'escamoteur...... »

— « J'approuve l'idée de madame, dit en l'interrompant la baronne de Girmel, je ferai ouvrir pour *les nôtres* seulement la petite porte de la ruelle, et sans bruit, sans scandale, on placera tout le monde convenablement. »

— « O ciel! quand ferez-vous luire enfin, s'écria la comtesse, ce jour tant souhaité, où, dédaignant de pareils subterfuges, nous enlèverons de vive force ce qu'on ose maintenant nous disputer! »

— « Patience, patience, dit le vicomte de Courtmartel, nous travaillons sans relâche à reconquérir tous nos droits. Oui, morbleu! je prétends que tous me re-

viennent bien complets; je ne m'accom-
moderais pas à un créneau de moins. »

— « A merveille, vicomte! j'aime que
vous soyez pour les donjons; on satisfe-
rait M. de Mertange avec les droits de
champard, ceux de chasse et les fours
banaux; et cela ne me contente pas.
Ainsi, tout est maintenant décidé pour
l'affaire présente? Il n'y a plus qu'à choisir l'heureuse vierge qui présentera le
bouquet emblématique. Je crois qu'il convient de la chercher parmi les jeunes
filles qui touchent aux limites de l'en-
fance et de l'adolescence; moins avancée,
elle serait trop timide; plus âgée, elle
offrirait moins d'intérêt. »

— « Eh mon Dieu! répliqua madame Robert à la comtesse, je suis fâ-
chée de vous entendre parler ainsi? vous
donneriez donc l'exclusion à ces char-
mantes petites filles, qui ont tant de
grâce dans leur babil enfantin? La mien-

ne, par exemple, récite des fables avec une intelligence particulière ! rien ne l'intimide ! Hier, elle amusa monseigneur pendant une heure, en lui rappelant la généalogie de l'illustre prélat, que je lui ai fait apprendre par cœur, car il faut orner la mémoire de la jeunesse. »

— « En vérité, ma chère, vous n'y songez pas, reprit madame de Girmel, est-ce qu'il serait convenable que les cent onze demoiselles du cortége eussent pour interprète un enfant, qu'on aurait fouetté peut-être une heure auparavant, et qui pourrait laisser là le prince, pour aller manger des meringues, ou jouer à cache-cache? On doit désigner, de préférence, une jeune personne qui puisse répondre à son altesse, s'il plaît à celle-ci de l'interroger ; il faut qu'elle connaisse le monde, afin de pouvoir allier la modestie et l'assurance, le respect et une aimable familiarité. »

— « Vous avez raison sur tous les points, mon aimable baronne, dit madame de Tersac, et, pour achever ce tableau, il suffit d'y ajouter le mérite de la naissance; je présume qu'on le trouvera dans ma nièce : son nom est connu, son grand-père a été maréchal de France, et sa mère, dame du palais de l'infortunée Marie-Antoinette. Le choix ne peut donc tomber que sur elle; je vous remercie de l'avoir si bien désignée. »

— « Vous allez bien vite, Madame, vers l'accomplissement de vos désirs, répliqua avec quelque émotion la comtesse de Mertange. A vous ouïr, on dirait que votre nièce clôture la liste des personnes de qualité et du pays; cependant, ma petite-fille habite le chef-lieu, et le nom des siens n'est pas non plus inconnu, ce me semble. Sa mère est actuellement placée à la Cour; son père est revêtu d'une des charges de la couronne. Je crois, sans vous blesser, que sur elle seule s'arrêteront les regards de Monsienr le Préfet. »

— « Voilà qui est à ravir, Mesdames ; » dit à son tour le vicomte de Courtmartel ; « mais puisqu'il est admis que la fille de meilleure maison haranguera le prince ; veuillez me permettre, en toute humilité, de parler à mon tour pour la mienne. Je prouve, par actes authentiques, une filiation non interrompue, dont le premier auteur connu remonte à onze cent soixante-treize. Vous avez pareillement l'une et l'autre de belles origines, je ne crains pas de l'avouer ; néanmoins d'Hozier et Chérin ont déclaré que j'étais plus ancien par mes aïeux de vingt-sept ans, et cela me paraît très-important dans la conjoncture présente. Quant aux illustrations, Dieu merci, elles ne nous manquent pas, et nous pourrons..... »

— « Et vous imaginez, Monsieur et

Mesdames, » reprit madame Robert qui, forte du silence de sa parfaite amie, croyait pouvoir rentrer en lice, « que nous céderons nos prétentions, parce que nous ne descendons pas de la cuisse de Jupiter, comme dit mon beau-père, qui a de l'esprit, car on l'avait fait échevin autrefois ? Nous sommes en pays de bonne bourgeoisie ; ne devant rien à personne ; n'ayant rien à nous reprocher ; aimant autant que vous le Roi et sa digne famille ; nous avons des filles jolies comme les vôtres, et Françaises également, elles ont des droits aux mêmes distinctions. »

Cette phrase, un peu longue et substantielle pour madame Robert, confondit les auditeurs. Elle l'avait répétée du moins avec bonne mémoire ; son mari à l'avance lui ayant dit à diverses reprises ce qu'elle devait répliquer en cas de besoin. Il fallait promptement répondre à cette impiété politique ; la comtesse de Mertange en prit le soin.

« Vous ne vous apercevez pas, chère madame Robert, lui dit-elle, combien vous êtes dans ce moment au-dessous de vos bonnes opinions ! Vous ne réfléchissez pas à quel point votre discours touche de près au libéralisme ! »

— « Comment, Madame, » répliqua l'interlocutrice toute stupéfaite d'une pareille assertion ; « vous trouvez du libéralisme dans mes paroles ? Cela vous plaît à dire ; mais cela n'est pas, et ne me portera pas coup, je vous assure ; nous avons fait nos preuves, et nul ne les détruira. J'ai gardé caché dans le fond de mon secrétaire durant toute la révolution un buste en plâtre de Louis XV. M. Robert serait parti lors des cent jours avec les volontaires royaux, si sa jument n'eût été poussive, et M. le comte de Mertange, en nous vendant la bête, l'avait néan-

moins garantie de tous défauts ; enfin n'ai-
je pas mon fils aîné aux pères de la foi ?
et ma famille toute e .t;èr¢ n'a-t-elle pas
souscrit pour l'acquisition de Chambord ? »

— « Vos sentimens sont excellens, ma
bonne dame, dit alors Courtmartel ; mais,
pour qu'ils soient irréprochables, il faut
les augmenter de la reconnaissance la plus
complète de la supériorité de la noblesse.
Diantre ! sans ce point-là tout le reste
défaillerait. »

—« Oh ! vous ne l'obtiendrez plus. Nous
voulons le Roi, la Charte, les honnêtes
gens et pas autre chose. Allez à la Cour ;
cela ne nous affligera pas, si l'on ouvre
pour vous les deux battans de la porte ;
ici, dans la province, bonsoir au rang ;
nous sommes tous égaux, et nous ne céderons à personne. »

— « Hélas ! s'écria le vicomte, ces
odieux constitutionnels pervertiront les
meilleures âmes. »

Madame de Girmel n'avait pas cette fois interrompu madame Robert; car elle la voyait défendre sa propre cause; elle aussi avait éprouvé du dépit en entendant l'expression naïve de la pensée des gens comme il faut de l'endroit. Son époux avait pareillement ses raisons pour se taire; il espérait même qu'un heureux incident dissoudrait l'assemblée; lorsque le comte de Mertange, s'adressant directement à lui, demanda de quelle manière on pourrait terminer ce démêlé. Le magistrat, surpris de cette attaque imprévue, cherchait une réponse évasive; quand Romeval, prenant la parole :

« Il me semble, dit-il, que pour mettre d'accord vos diverses prétentions, toutes également respectables et sur lesquelles je ne préjuge rien, il serait à propos de désigner mademoiselle de Girmel pour offrir le bouquet au prince; elle est, par sa position, celle qui serait peut-être la plus agréable à son altesse.

— « Je suis la très-humble servante de Monsieur le Préfet, dit madame de Mertange ; mais je ne vois point que son rang de fonctionnaire public doive être ici mis en avant. »

— « Et pourquoi ne l'y mettrait-on pas ? reprit la baronne ; n'est-ce pas lui qui recevra MONSEIGNEUR ? Il me semble que cette considération doit prévaloir sur toutes les autres. »

— « Pour moi, je reconnais qu'elle est légitime, » se hâta d'ajouter madame Robert, afin de ne point perdre, par une longue résistance, le mérite d'un sacrifice devenu indispensable.

— « Je ne refuse pas non plus de me désister de mes prétentions, dit alors madame de Tersac ; lorsque d'ailleurs je fais une réflexion qui me paraît assez juste. Si c'est comme autorité que Monsieur le Préfet demande la faveur du choix pour sa fille, il me semble que mademoiselle de Nelport (c'était le nom du maire), aurait plus de droit à cette distinction. C'est la ville que le prince visite et non l'hôtel de la préfecture. C'est donc naturellement à la fille du maire qu'il convient de le haranguer. »

Madame de Tersac avait raison dans sa malicieuse repartie. Un usage que des siècles consacrent, accorde aux magistrats municipaux le premier rang dans l'enceinte de leur commune ; ils ne le perdent que dans les bâtimens au service des autorités qui leur sont supérieures ou qui ne dépendent pas d'eux. Monsieur de Girmel avait à l'avance pensé de même, mais il n'avait eu garde de le dire ; et ce motif personnel l'avait seul détourné d'appeler le maire au comité secret. Forcé néanmoins de répondre à madame de Tersac, il le fit avec toute la clarté d'un esprit diplomatique. On chercha vainement un sens précis à son discours et l'on devina, plus qu'on n'entendit, que mademoiselle de Girmel présenterait les fleurs au prince. La comtesse de Mertange ne put alors retenir son indignation ; elle l'exprima en termes où l'ironie, l'aigreur, la colère étaient mêlées ; puis, se levant avec majesté, elle déclara solennellement, qu'elle refusait son assentiment à toute décision qui ne serait pas prise à son avantage ; et elle partit aussitôt suivie de son époux qui partageait son dépit.

Après leur départ, madame de Tersac s'adressant au Préfet :

« Vous remportez, dit-elle, une grande victoire, je ne chercherai pas à vous la disputer ; mais vous m'accorderez la grâce de faire placer ma nièce tout auprès de votre fille, afin que le prince puisse la voir et la mieux reconnaître, lorsque plus tard elle lui sera présentée. »

— « Je demanderai la même faveur pour ma toute gentille Julienne , dit madame Robert; on prendra les trois jeunes personnes pour les Grâces, et par le fait elles représenteront les trois classes majeures , l'administration , la noblesse et la bourgeoisie. »

Le vicomte de Courtmartel n'eut rien à demander pour sa fille; lui aussi s'était retiré en même temps que la comtesse ; peut-être avaient-ils été ensemble rédiger leur protestation. Cette grande affaire finie, Monsieur le Préfet, pour contrebalancer les murmures du parti Mertange , crut frapper un coup adroit, en étendant à presque toute la ville, l'invitation de paraître, soit au cortége, soit à la présentation du bouquet, soit au bal qui s'ouvrirait à la préfecture. Vains projets! il ne put satisfaire personne complétement et il agrandit le cercle des mécontens.

Les préparatifs de la réception étaient

terminés ; on avait élevé ces frêles décorations, construites à la hâte et démolies de même. Emblème singulier de ceux pour qui on les édifie, ils semblent dire aux puissans de la terre : « Les sentimens qu'on vous montre ne sont aussi qu'apparens ; ils ne tarderont pas à s'éteindre dès l'instant que vous serez passés. »

FIN DU TROISIÈME VOLUME.

TABLE DES CHAPITRES

CONTENUS

DANS LE TROISIÈME VOLUME.

FIN DE LA TABLE DU TROISIÈME VOLUME.

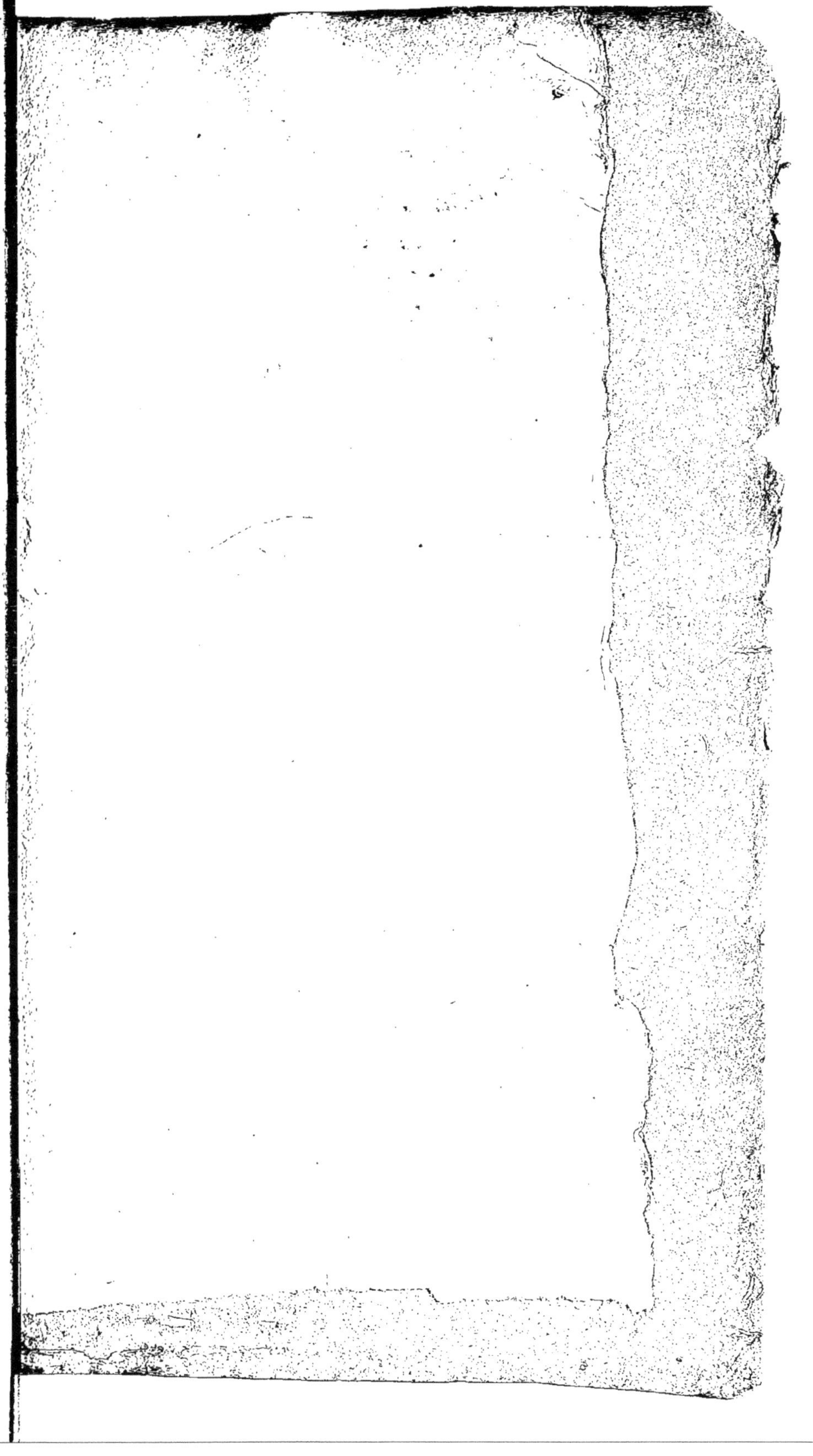